KB135677

간추린
대한민국
정치사

간추린
대한민국
정치사

김영명 지음

일조각

　　이 책은 해방 이후의 한국 정치사를 민주주의의 도입, 쇠퇴, 발전이라는 측면에서 정리한다. 세세한 사건들의 나열보다는 정치 변동의 큰 흐름을 중심으로 요약하였고, 변화의 가장 중요한 원인들과 정치사에서의 의미에 초점을 맞추었다. 시기 구분은 각 대통령들의 취임과 같이 온 정권 변화를 기준으로 하였다. 이런 구분은 좀 재미가 없어 보일 수 있으나, 아무래도 그것이 변화의 중심 국면을 이루었기 때문이다. 이 저술은 저자가 30년 넘게 연구하고 정리해 온 대한민국 정치사를 마지막으로 요약 정리하는 장이 되리라 본다. 앞으로 같은 종류의 책을 더 이상 펴낼 것 같지 않다는 말이다. 저자의 연구 관심이 줄어들어서일 수도 있지만, 거시 변동이 마무리된 한국 정치에서 그 역사를 서술한다는 것이 별다른 의미가 있거나 큰 재미를 줄 것 같지 않아서이기도 하다. 큰 변동이 끝났다는 점에서 한국 정치는 '역사의 종언'을 맛보았는지도 모른다. 그러나 세세한 면에서 한국 정치는 말할 필요도 없이 수많은 발전 과제를 안고 있다. 이에 대해서는 여러 정치학자가 훌륭한 분석과 제언들을 하고 있으며, 이 책의 마지막 부분에서 간단히 언급하기도 한다. 한국 정치의 발전을 염원한다.

　　이 책의 출판을 맡아 준 일조각 여러분에게 감사한다.

2020년 3월

김영명 쓰다

차례

해방과 분단

한민족은 35년에 걸친 일본 제국주의의 핍박 속에서 마침내 해방되었다. 그러나 통일 국가를 이루지 못하고 두 개의 적대적인 나라로 쪼개지고 말았다. 그 가장 큰 이유는 아무래도 우리가 우리 힘으로 독립을 쟁취하지 못하고 강대국들이 해방을 가져다주었다는 사실에 있을 것이다. 민족 분단은 여러 국내외적인 요소가 결합하여 이루어졌다. 먼저 미국 정부가 소련에 38도선 분단을 제의하고 소련 측이 이를 받아들인 것이 발단이었다. 미국과 소련은 이 상황을 되돌리기 위한 협상에 실패하였고, 우리에게는 통일 국가를 이루어 낼 범국민적 대표 세력이 존재하지 않았다. 이념적 성향을 달리하는 수많은 정치 세력이 스스로 채택한 국가 수립의 방안을 가지고 대립하였고, 여기에 미국과 소련의 세계 전략이 맞물려 혼란이 가중되었다.

1.

38선 분할과
미소 협상의 실패

|

태평양전쟁이 끝날 무렵 미국과 소련 두 나라에 한반도는 그리 중요한 존재가 아니었다. 종전 직전까지 미국에 조선은 한일합방 이후 잊힌 변방이었고, 소련에도 극동에 있는 약소민족의 하나로 기억되었을 뿐 전통적으로 보이던 강한 지정학적 이해는 찾아볼 수 없었다. 그 결과 두 열강은 태평양전쟁을 종식시키고 조선을 해방시켰

으나, 이 패전 식민지에 어떠한 정책을 펼칠 것인가에 대한 뚜렷한 방안을 가지고 있지 못하였다. 양국은 모두 한반도에 적대적인 국가가 서도록 방치하지 않고 자국의 이해를 지킨다는 막연한 정책 목표만을 가지고 있었다. 미국의 루스벨트 대통령은 일정 기간 신탁통치를 실시한 후 조선을 독립시킨다는 막연한 구상을 가지고 있었고, 소련도 이에 큰 이의가 없었다. 그러나 제2차 세계대전의 종식이 임박해지고 연합국의 이해관계가 뚜렷하게 부각되기 시작하자, 미국과 소련 모두 한반도에서 자신의 지정학적 이해를 관철하는 데 적극적인 관심을 갖기 시작하였다. 얄타회담1945년 2월 4~11일에서 합의한 대로 소련군은 일본에 선전포고 하고 한반도로 진격하여 기득권을 챙기려 하였으며, 미국은 군사적, 지리적으로 크게 불리한 상황에서 소련군의 남하를 제한하기 위해 38선 분할 점령을 제안하기에 이르렀다.

신탁통치안과 38선 분할

일제의 식민통치 기간 중 임시정부임정의 대표를 자처한 이승만은 여러 차례에 걸쳐 미국 정부에 임정의 승인을 요구하였으나 완강한 거부에 부딪혔다. 미국 정부가 임정을 승인하지 않은 이유는 여러 가지이다. 첫째, '임시정부'의 승인을 원하는 민족들이 당시 여럿 존재했기 때문에 미국 정부는 조선의 임정을 승인할 경우 이것이 미칠 파급 효과를 우려하였다. 둘째, 임정의 조선 인민에 대한 대표성을 의심하였다. 미국 정부는 당시 임정 추종 세력의 규모를 의

심하였고, 임정이 조선 내 인민들과 제대로 접촉하지 못한다는 의구심으로 임정의 민족적 대표성을 인정하지 않았다. 셋째, 미국 정부는 임정의 승인 문제는 미국이 독단적으로 결정할 수 없고, 중국, 영국, 소련 등 연합국의 이해와 관심도 반영되어야 한다고 믿었다. 기본적으로 미국 정부는 조선의 어느 특정 집단을 망명 정부나 대표 세력으로 인정하지 않았다. 임정을 승인하지 않는 대신 미국은 한국에 대한 4대 연합국미, 영, 중, 소의 신탁통치를 구상하고 있었다. 그 이유는 무엇보다 한민족의 자치 능력을 불신하였기 때문이었다.

소련은 처음부터 일본과의 전쟁에서 당사자가 아니었고 한반도에 대한 관심도 당시로서는 크지 않았기 때문에, 루스벨트의 신탁통치 구상을 별다른 반대 없이 받아들였다. 얄타회담 기간 중 루스벨트는 필리핀의 경우를 염두에 두고 한국에 대한 신탁통치 기간을 40~50년 동안으로 제시했으나, 스탈린은 그 기간이 짧을수록 좋다고 대답하였다. 신탁통치안에 대한 구체적인 합의가 없는 상태에서 얄타협정에 따라 소련이 대일전에 참전하여 한반도로 진격해 들어가자, 미국의 정책 결정자들은 소련의 한반도 지배에 대한 위기감을 느꼈다. 일본의 항복이 임박한 상태에서 미국 정부는 미군과 소련군에 의한 한반도 분할 점령을 결정하였다. 38선 분할 계획은 매클로이 전쟁부 차관보의 지시로 1945년 8월 11일 새벽 러스크 대령과 본스틸 중령이 급하게 작성하였다.*

이러한 분할 점령은 무엇보다 일본의 항복이 임박한 시점에서 군사적인 편의에 의해 잠정적인 조치로 이루어진 것이었다. 그러

* 이완범, 『38선 획정의 진실』(서울: 지식산업사, 2001) 참조.

나 동시에 소련의 한반도 전역 지배를 저지하기 위한 정치적 목표를 반영한 것도 사실이었다. 소련군의 한반도 진주는 이미 8월 12일 시작되었고, 소련이 마음만 먹었더라면 수일 내에 한반도 전역을 장악할 수 있었을 것이다. 당시 한반도에서 가장 가까운 미군은 오키나와에 있었다. 미국 정부는 소련의 한반도 전역 장악을 막고 최대한 많은 지역을 확보하기 위해 38선 분할을 제의했고, 소련은 이를 수락하였다. 소련 당국은 전략적으로 크게 중요하지 않고 큰 관심도 없었던 한반도 문제에서 미국의 안을 따름으로써 동유럽 등 다른 지역 처리에서 미국의 양보를 얻어 내려고 하였다.

신탁통치에 대한 양국의 구체적인 합의가 없는 상태에서 이루어진 38선 분할은 한반도의 장래를 혼란스럽게 만들었다. 38선이 잠정적인 것으로 계획되기는 하였으나, 신탁통치안에 대한 미국 정부의 의지가 점차 줄어들고 미소의 이해 대립이 가시화되고 있는 상태에서, 이 분할선이 폐기되고 양국 합의에 의해 통일 정부가 수립되기는 점점 어려워져 갔다. 미국에서는 루스벨트 대통령이 사망하고 부통령이던 트루먼이 대통령직을 승계하였다. 트루먼은 소련이 동유럽에서와 마찬가지로 한반도를 지배하려 한다는 의심에 사로잡혀 소련과의 협상에 회의를 가지기 시작하였다. 양국은 군사적 분할을 철폐하고 합의를 통해 한반도 문제를 해결하려고 하였으나 결국 실패하고 말았다.

미소 양군의 한반도 분할 점령에 따른 문제점들은 모스크바에서의 미국, 영국, 소련 3국 외무 장관 회담에서 해결될 것으로 기대되었다모스크바삼상회의, 1945년 12월 16~25일. 여기에서 미국과 소련의 외무 장관들은 한반도 문제에 대한 합의를 이루게 되는데, 이것이 이른바 '모스크바 협정'이다. 이 합의문은 한국의 궁극적 독립을 이루는 과정으로, 먼저 민주주의적인 임시정부를 세우고, 미, 영, 중, 소 4대국에 의한 5년간의 신탁통치 기간을 거친 다음에 완전히 독립시킨다는 것을 골자로 하고 있었다.

나중에 나타난 바와 같이 모스크바 협정은 한반도 문제에 관해 미국과 소련이 협조한 마지막 경우가 되었다. 미국과 소련 사이에서는 갈등이 점차 고조되었고, 양국 점령 지역들에서는 이미 일종의 국가 기구들이 태동하고 있었다. 이러한 상황에서 모스크바 합의가 준수되기를 기대하기는 어려운 일이었다. 더구나 양국의 합의는 한민족이 지닌 즉각 독립의 염원을 도외시한 것이었기 때문에, 공포되자마자 한민족의 거센 반대에 봉착하여 실행이 불가능하게 되었다. 한민족은 모스크바 협정에 대해 우파를 중심으로 거센 저항 운동을 전개하였다. 좌파 세력 역시 처음에는 모스크바 협정을 반대하였으나 곧 소련 당국의 지시를 받고 찬성으로 입장을 바꾸었다. 좌파는 모스크바 협정 가운데 신탁통치보다는 임시정부 수립에 더 방점을 두고 신탁통치도 일종의 후견제안이라고 주장하였다. 우익이 벌인 거센 반탁 운동의 배후에는 즉각 독립의 민족적 염원뿐 아니라 신탁통치안을 소련이 주장했다는 잘못된 정보 또한 작용하였다. 당시 「동아일보」가 이런 오보를 내어 반탁의 민족 감정에 불을 붙였다.

이러한 거센 저항에 미 당국은 혼란에 빠졌다. 국무부의 공식 정책은 여전히 신탁통치를 통한 통일 독립 국가의 건설이었지만, 남한에 주둔한 미군정의 입장은 달랐다. 미군정 사령관 하지 중장은 근본적으로 반공적인 소련 봉쇄주의자로, 취임 초부터 신탁통치의 실행은 어렵고 바람직하지 않다는 생각을 가지고 있었다. 따라서 그는 모스크바 합의 이전에 워싱턴 당국에 신탁통치안의 폐기를 계속 건의하기도 하였다. 이러한 상황에서 발표된 모스크바 협정은 한 민족의 거센 반발을 불러왔을 뿐 아니라 하지를 곤경에 몰아넣었다. 그는 심성상, 그리고 정책상 신탁통치안을 달갑게 생각하지 않았다. 그는 궁극적으로 대중의 반탁 열기를 우파 세력의 형성 및 결집에 이용하였다. 반탁 운동으로 세력을 얻은 우익이 해방 직후 정국을 선제한 좌익에 맹렬한 공세를 취함으로써, 남한 정국의 세력 균형은 우익에 유리하게 전개되기 시작하였다.

워싱턴에서도 불협화음이 일었다. 트루먼 대통령은 모스크바 합의 내용이 소련에 지나치게 양보한 것이라고 생각하였다. 그는 이미 소련에 대한 유화적 태도를 버리고 강경 선회하고 있었다. 트루먼 행정부는 중국과 한국에서 좌파 세력의 진출이 급격한 것을 보고 이 지역에 대한 정책을 재검토하기 시작했으며, 북한에서의 소련군 잔학 행위와 소비에트화 추진에 대해 경계심을 강화하였다. 1946년 초 미국의 대소련 정책은 근본적으로 수정되고 있었다. 트루먼 행정부는 조선 문제가 미국이 의도한 대로 해결될 때까지 미군이 남한에 주둔해야 한다고 생각하고 소련과의 더 이상의 타협 가능성을 배제하게 되었다.

　　모스크바 협정에 따라 한민족 임시정부를 수립하기 위해 미국과 소련이 한민족 대표자들과 협의를 하게 되어 있었다. 이를 실천하기 위해 두 나라는 공동위원회를 열었다. 그러나 제1차 미소공동위원회가 열린 1946년 3월에는 양국의 협상이 여러 면에서 어렵게 되어 있었다. 미군정은 사실상 신탁통치안을 폐기한 상태였고, 트루먼은 소련에 더 이상 양보하려고 하지 않았다. 남한뿐 아니라 워싱턴 당국에서도 소련과의 협상 분위기가 사라져 가고 있었다. 남한에서의 격렬한 반탁 운동은 미국의 입장을 특히 어렵게 하였고, 모스크바 협정의 준수를 불가능하게 만들었다.

　　미소공동위원회가 실패한 구체적인 이유는 협의 대상이 될 정당과 사회단체들을 어떻게 선정하느냐에 대해 양국이 합의할 수 없었기 때문이었다. 소련은 모스크바 협정에 반대하는 정당, 사회단체들을 제외할 것을 주장한 반면, 미국은 의사 표현의 자유를 들어 모든 민주적인 정당, 사회단체들을 협의 대상으로 할 것을 주장하였다. 우익의 모든 중요한 단체가 모스크바 협정, 더 정확하게는 신탁통치안에 반대하는 상황에서 이들을 제외하는 것은 좌익 단체들만을 협의 대상으로 삼는 것을 의미하게 되니 양국이 상반된 주장을 한 것은 당연하였다.

　　이듬해 다시 두 나라는 회담을 열었다. 그러나 제2차 미소공동위원회가 열린 1947년 5월에는 위에서 본 문제들이 더 악화되어 있었다. 종전 직후부터 벌어져 오던 미국과 소련의 관계는 급속히 냉각되어, 1947년 3월 트루먼 독트린의 발표와 소련의 즈다노프 선 언으로 동서 냉전이 공식화되었다. 두 나라는 이제 더 이상 양보에 입각한 전후 질서를 모색하지 않게 되었다. 국내에서는 우익의 반탁 운동이 단정 운동으로 성격이 변질되어 적극적인 미소공동위원회 방해 공작으로 나타났다. 미소공동위원회의 재개를 환영한 좌익은 찬탁으로 국민적 지지 기반이 약화된 데다가 그동안 미군정의 탄압 이 노골화되어 정세 변화를 주도할 수 없었다. 이제 좌익은 우익에 비해 현격한 힘의 열세를 느끼게 되었다. 북한에서는 '북조선임시 인민위원회'가 '북조선인민위원회'로 발전하면서 소비에트화로 한 발 더 다가서고 김일성의 권력 장악이 본격화되었다. 이런 상황에서 1년 전에 실패한 미소 협상이 성공하기를 기대할 수는 없었다.

제2차 미소공동위원회마저 아무런 성과 없이 실패하자 미 국 정부는 소련과의 협상을 포기하고 한국 문제를 국제연합, 곧 유 엔에 상정하여 해결하려고 하였다. 당시 유엔은 미국의 절대적인 영 향 아래 있었기 때문에 미국은 이를 손쉬운 대안으로 생각하였던 것 같다. 소련은 이에 대해 모스크바 협정 준수를 계속 주장했고, 나중 에는 미소 양군이 동시에 철수하고 남북한 총선거를 실시하자고 주 장하였다. 소련은 양군이 철수하면 무력 충돌이 불가피할 것이고 그 러면 공산권이 승리할 것이라고 판단하였던 것 같다. 같은 까닭으로 미국이 이 안을 받아들일 리 없었다. 미국 정부는 소련이 유엔의 결정을 받아들이지 않을 경우를 예상하였으며, 이 경우 남한에서 단독 정부를 세울 것을 구상하고 있었다.

유엔 총회는 미국의 제안대로 인구 비례에 의한 남북한 총선거를 거쳐 한반도에 통일 정부를 수립할 것을 결정하였다. 총선을 감시하기 위해 유엔은 캐나다, 인도 등 8개국 대표로 구성된 한국임시위원단을 구성하였다. 그러나 예상대로 소련과 북한 당국은 유엔 한국임시위원단이 38선 이북으로 넘어오는 것을 막았고, 이 문제를 해결하기 위해 열린 유엔 소총회는 38선 이남 지역만에서의 선거를 결정하였다. 이로써 남한에서의 단정 수립은 공식화되었다. 유엔에서 상당한 반대가 있었지만 결국 미국이 제시한 안이 통과되었다. 유엔은 미국이 주도하여 만들었기 때문에 예상할 수 있는 결과였다.

2.

미군정과
좌우파의 대결

|

해방이 되자 당시까지 억압되었던 정치 세력들이 급격하게 분출하여 저마다 정치적 대안을 가지고 각축전을 벌였다. 일제하에서 서로 연계되지 못하고 분열되어 있던 민족 운동 세력들이 일제의 탄압이 없어지고 미군정이 정치적 중립을 표명하자 격렬하게 투쟁하였다. 당시 남한에서 활약한 정치 세력들을 크게 구분하면, 사회 개혁 및 친일파 처리에 대한 태도, 향후 독립 국가의 성격에 대한 견

해, 미국과 소련에 대한 태도 등을 기준으로 좌, 우, 중간파의 셋으로 구분할 수 있다. 박헌영을 중심으로 한 공산당 세력은 '2단계 혁명론'에 입각하여 부르주아 민주주의 혁명을 통한 국가 건설과 사회 개혁을 내세웠고 친일파의 철저한 숙청을 주장하였다. 따라서 이들은 대중적 명분을 가질 수 있었고 일제하에서 오랜 조직화의 경험을 가진 이점을 안고 있었다. 또한 일제의 탄압에도 불구하고 변절하거나 국외로 탈출하지 않았다는 점이 이들이 해방 직후 정국을 선제할 수 있는 유리한 요소로 작용하였다. 그러나 이들은 미국과 소련 어느 쪽으로부터도 후원을 받지 못하였고, 그 결과 권력 투쟁에서 패배하고 말았다. 여기에는 그들의 미군정에 대한 잘못된 판단과 극좌 모험주의적 전술로의 전환도 중요한 요소로 작용하였다.

김구를 중심으로 한 임시정부 세력은 우익의 중심이었으나, 이념적으로는 '무조건 완전 독립'의 목표를 제외하고는 뚜렷한 것이 없었다. 임정은 환국 당시 임시 '정부'로서의 정통성을 지니고 있어 각종 정치 세력들이 이를 인정하였고, 이러한 사실이 임정 지도자들의 중요한 정치적 자원이 되었다. 그러나 미군정이 임정의 존재를 인정하지 않았고, 지도자들의 현실 인식과 대처 능력이 부족하여 '임정 중심의 정부 수립'이라는 무모한 목표에 집착하였고, 계속된 정치적 모험 끝에 몰락하고 말았다.

한국민주당한민당은 우파를 대변하는 또 다른 집단이었는데, 뚜렷한 정강 정책이 없었고 사회 개혁과 친일파 처리 문제에서 소극적 태도로 일관하였다. 그들 자신의 상당수가 친일 문제에서 자유로

울 수 없었기 때문에 당연한 현상이기도 하였다. 일제하에서 보여준 그들의 활동과 지주 출신으로서의 계급적 기반을 볼 때 충분히 예상할 수 있는 일이었다. 그들은 임정과 미군정을 배경으로 좌파 세력을 저지하는 것을 최우선 목표로 삼았고, 이에 궁극적으로 성공하였다.

　　권력 투쟁에서 마지막 승자로 부상한 이승만은 사회 개혁이나 통일 국가 수립보다는 자신이 지배하는 반공 국가의 수립을 으뜸 목표로 삼았다. 따라서 통일 국가 수립이 어려운 것으로 판단되자 곧 맹렬한 단정 운동을 벌여 자신의 목적을 달성하였다. 그에게는 다른 모든 지도자를 능가하는 국민적인 지명도와 탁월한 정치적 판단 및 적응 능력이라는 정치적 무기가 있었으며, 이를 잘 활용하여 미국 측과 충돌을 일으키면서 자신의 목적을 관철해 갔다. 이승만은 젊은 시절 미국으로 건너가서 조선인 최초로 미국 정치학 박사를 받았으며 1919년 3·1운동 이후 창설된 대한민국 임시정부 초대 대통령을 지낸 인물이다. 그만큼 민족 지도자로서의 그의 지위는 확고하였다. 그러나 독립 운동 과정에서 수많은 사람과 분쟁을 벌이고 임시정부와도 불화하였다. 미국 조야에 대한 외교적 청원을 독립 운동의 발판으로 삼았으나, 그가 제의한 위임 통치안은 많은 민족 지도자의 지탄을 받았다. 또 지나친 반공, 반소 노선으로 통합적 지도력을 발휘할 수 없었다. 한마디로 해방 당시 이승만은 민족 지도자의 선두에 선 인물이었지만, 좌우를 아우르는 통합적 지도자로서는 자격이 부족하였다.

중간파 정치 세력들은 비교적 유연한 입장에서 타협점을 모색했으나 좌우의 협공을 물리치고 타협을 주도할 힘의 자원을 지니지 못하였다. 온건 좌파의 성향을 보였던 여운형은 좌파와 우파를 규합할 대중적 지지를 지닌 유일한 정치 지도자로 여겨졌지만, 해방 초기부터 좌파에 주도권을 빼앗기고 좌우 대결이 심화되던 와중에서 괴한에게 피살되고 말았다. 온건 우파 성향의 김규식 또한 타협에 의한 통일 국가 건설을 추진했고, 이를 위한 도덕적 명분과 미국의 지원에 힘입었으나, 대중적, 조직적 기반이 취약했고 지도력이 미약하였다. 한마디로 당시 중간파의 노선이 민족 통합을 이룰 정당한 노선이었지만 그들의 힘이 너무 부족하였다.

끝으로 미군정은 하나의 잠정적 국가를 이루면서 동시에 힘 투쟁의 한 당사자였다. 미군정은 국가로서의 궁극적인 통제력을 보유했고, 이를 통해 좌익 약화와 우익 강화라는 자신의 목적을 달성하였다. 그러나 미군정과 각 정치 세력의 관계가 그렇게 단순하지만은 않았다. 미군정이 당시의 세력 균형에 결정적인 영향을 미친 것은 사실이었지만, 또한 좌우익 세력 자신들의 전략적 선택들이 중요한 요인이 되었던 것도 사실이었기 때문이다.

힘 투쟁과 단정 수립 과정

여러 세력 간의 힘의 균형 변화는 몇 가지 중요한 정치적 계기를 통해 이루어졌다. 이러한 계기들은 크게 보아, 모스크바 협정에 따른 찬반탁 논쟁, 제1차 미소공동위원회의 실패와 좌우 대립의 격화, 그리고 한국 문제의 유엔 상정으로 볼 수 있다. 이에 따라 세력 판도의 변천은, 좌파 선제기1945년 8~12월, 좌우파 대치기1946년 1~5월, 우파 득세기1946년 5월~1947년 9월, 우파 승리 및 분단국 수립기1947년 9월~1948년 8월로 나누어진다.

1945년 8월 15일 일본이 무조건 항복을 선언하자 바로 당일 국내에서는 좌파와 중간파 인사들이 건국준비위원회를 만들었다. 9월 7일까지 존속한 건국준비위원회는 이름 그대로 앞으로의 국가 건설을 위한 준비 기구였다. 처음에 중도 좌파인 여운형이 주도하여 만들었으나 곧 좌파 주도 아래 들어가고 말았다. 이후 건국준비위원회는 전 민족적 연합체로서의 성격을 잃고 좌익 세력의 대변 기구로 변하였다. 이렇게 해방 정국에서 건국의 주도권을 잡은 것은 좌파 세력이었다. 그 중심에는 조선공산당의 박헌영이 있었다. 박헌영은 일제하에서 독립 운동을 하다가 체포되어 감옥살이를 하고 있다가 해방과 동시에 출옥하여 공산주의 운동을 주도하였다. 이후 미군정의 탄압이 심해지자 북한으로 피신하여 부수상직을 맡았다가 김일성과의 권력 투쟁에서 패하여 처형당하였다.

미군의 한반도 진주가 임박하자 건국준비위원회 인사들은 시급히 '조선인민공화국'인공을 선포하고 전국 각 지역에 인민위원회를 설치하였다. 인공은 아직 귀국하지 않은 이승만, 김구 등의 우익 지도자들을 최고위에 추대하는 등 정치적 연합체로서의 성격을 보이기 위해 노력했으나, 강령이나 인맥 구성에서 좌익 편향이 명백하였다. 그러나 미군은 9월 8일 남한에 진주한 후, 자신을 38선 이

남에서의 유일한 합법 통치 기구로 선포하고 기존의 모든 정치 세력의 대표성을 인정하지 않았다. 이러한 미군의 진주는 기득권을 확보하려던 좌익 세력에 명백한 타격이었던 반면, 당시까지 정치 세력으로 집결하지 못하고 있던 우익 세력에는 큰 힘이 되었다.

10월 16일에는 이승만이 자신의 근거지이던 하와이에서 귀국하였다. 그의 귀국은 정국 변화에 또 하나의 전기를 마련하였다. 그는 해방 이전부터 독립 지도자로서의 명망에서 선두에 있었기 때문에 대부분의 정파가 그를 추대하거나 이용하려고 하였다. 이승만은 이승만대로 이들의 추대에 응하기보다는 자신을 중심으로 한 정당 통합 운동을 전개했으나, 친일파 처리 문제에 대한 이견을 직접 촉매로 하여 공산당과 절연하였다. 이로써 초기의 정치적 연합 시도는 해방 첫해가 가기 전에 실패하고 말았다.

김구를 비롯한 임정 세력은 미군정의 인정을 받지 못하여 개인 자격으로 귀환하였고, 그 시기도 상당히 늦었다. 들어올 비행기 편이 없어서 애를 태우다 미군정이 주선한 비행기로 민간인 자격으로 귀국할 수 있었다. 김구 등 일진이 귀국한 11월 23일은 이미 이승만과 공산당이 통합에 실패하고 대치 상태에 들어간 시점이었다. 이 상황에서 임정 세력은 좌우의 타협을 이끌어 낼 정치적 역량이 부족하였다. 임정은 한민족의 유일한 해외 망명 '정부'로서의 법통성을 주장할 수 있었고 각 정파가 이를 인정하지 않을 수 없었으나, 좌우파의 점증하는 대치 속에서 지도력을 발휘하지 못하고 신탁통치안의 소용돌이가 벌어질 때까지 의미 있는 행동을 보이지 못하였다.

이런 상황에서 12월 말 모스크바 삼상회의 결과가 국내에 알려지자 해방 정국은 즉시 혼란의 소용돌이에 빠졌다. 건국의 주도권을 둘러싸고 일어난 각 정치 세력의 대립은 이제 반탁과 찬탁이라는 쟁점을 중심으로 좌우파의 대결로 구체화되었다. 김구는 이런 상황을 자신의 입지를 높이는 기회로 활용하였다. 그가 주도한 임정 세력은 반탁의 국민적 감정을 이용하여 대규모 시위를 주도하였다. 1945년 말과 이듬해 1월 초는 해방 후 처음이자 마지막으로 김구가 정국을 주도하였던 짧은 시기다. 그러나 김구의 반탁 운동은 결국 실패로 끝났다. 그것은 무엇보다 미군정이 장악하고 있던 당시 상황에서 민족적 열정과 통일 독립의 명분밖에 가지지 못한 그가 이를 실현할 실제 수단을 갖지 못하기 때문이었다. 더구나 반탁 운동은 궁극적으로 좌우 대립을 심화시키며 단정 수립에 이용당하는 결과를 낳았다. 반탁 운동은 처음에는 민족주의적 투쟁의 성격이 강하였지만 이후, 특히 1947년 들어 점차 좌파에 대항하기 위한 반공 이데올로기로 이용되었고, 결국 분단 고착화와 이승만의 정권 장악에 기여하게 되었다. 이승만은 한국민주당한민당과 더불어 김구의 반탁 노선에 동조했으나 처음부터 소극적이었고, 그보다는 반공과 반소의 일관된 노선을 견지하였다. 그는 좌우 연합의 가능성이 없음을 간파하여 자신을 정점으로 한 단정 수립을 추진하였다.

좌익은 찬탁으로의 노선 변경을 통해 상당한 타격을 입었다. 조선공산당은 모스크바 협정이 신탁통치가 아니라 후견제를 의미하는 것이라고 주장했고, 임시정부의 수립을 신탁통치안보다 더 강조하였다. 그러나 이러한 주장이 즉각 독립의 열정에 사로잡힌 대중을 설득하기는 어려웠다. 이러한 곤경 속에서 좌익은 임정에 협력을 제의하고 통일 전선 형성을 위해 주요 정당들한민당, 국민당, 인민당, 신한민족당과의 제휴를 추진하였다. 그러나 당시 반탁으로 기세를 올린 임정 세력과 한민당이 거부하여 그 목적을 달성하지 못하였다.

돌이켜 보면 신탁통치 반대 운동은 민족 분단을 고착시키는 데 기여한 잘못된 선택이었던 것으로 보인다. 미국과 소련은 조선에 임시정부를 수립하고 그 정부에 대해 5년 동안의 신탁통치 또는 후견제를 실시한다고 발표하였다. 만약 우리가 그 안을 받아들여 임시정부를 구성하였다면 5년 뒤에 진정한 통일 독립 국가를 이루었을지 모른다. 그러나 이런 말은 역사의 가정일 뿐이다. 더구나 신탁통치안을 받아들였다고 해서 임시정부가 순조롭게 구성되고 이후 완전 독립을 이루었으리라는 보장도 없다. 또 다른 혼란과 좌우 대립이 일어나고 급기야 내전이 벌어졌을지도 모른다. 그러나 그렇다고 하더라도 분단 고착에 따른 전쟁과 인명 희생과 파괴의 참화, 그리고 그 뒤에 일어난 단순한 분단이 아닌 남북한 대립이라는 최악의 결과보다는 덜 나빴을 것이다. 물론 이 모든 비극을 반탁 운동 탓이라고 할 수는 없지만 그것도 한몫을 하였음에는 틀림없다.

미군정 사령관 하지는 모스크바 협정에 당황하였고, 신탁통치를 반대하는 우익을 지지할 수도 없고 그렇다고 좌익을 지지할 수도 없는 난처한 입장에 빠졌다. 그러나 그의 정책은 근본적으로 좌익을 약화하고 우익을 강화하는 쪽으로 움직였다. 그는 좌익 인사들을 검거하기 시작하였다. 1946년 5월 정판사 위조지폐 사건 관계자들을 검거했고, 9월 초 박헌영, 이강국, 이주하 등 공산당 최고 간부들에 대한 체포령을 발동하였다. 이후 남한에서 좌익 활동은 거의 불법화되고 지하로 잠적하게 되었다. 이들 중 일부는 지리산 등으로 숨어들어 이른바 빨치산 운동을 하게 되고, 다른 사람들은 북한으로 넘어가 북한 정권 수립에 가담하였다가 결국 김일성에게 숙청당하게 된다.

미소공동위원회가 교착 상태에 빠지자 1946년 중반 미국 당국은 조선 문제의 해결책으로 남한 강화와 중간파 육성을 골자로 한 새로운 대한 정책을 채택하였다. 그것은 남한에 안정되고 강력한 행정 기구를 건설하고 경제 지원을 함으로써 극좌와 극우 세력을 모두 배제하고 중간파 중심의 임시 정부를 구성하고 이를 바탕으로 모스크바 합의를 관철하려는 것이었다. 그와 동시에 미군정은 중간파를 중심으로 '좌우 합작'을 추진하였다. 그러나 이러한 노력들은 아무런 성과 없이 수포로 돌아갔다. 여운형, 김규식 등 중간파 지도자들은 원래 이승만이나 김구 등에 비해 세력이 약했을 뿐 아니라 이미 좌우파 대립이 본격화된 정국에서 그 힘과 입지가 매우 제한되어 있었다. 미군정 또한 좌우 합작에 대한 지지 성명을 되풀이하면서도 실제로는 아무런 유효한 지원을 하지 않았다. 하지 군정 사령관은 국무부의 지시에 따라 좌우 합작을 추진하기는 하였으나, 중간파에 의한 연합 세력의 구축 가능성에 회의적이었다. 또 그는 여운형 등 비공산 좌익 세력을 불신하였다. 좌우 합작의 실패는 중간파 세력의 최종 몰락을 의미하였다. 특히 여운형의 입지는 크게 줄어들었고 급기야는 한 극우 청년에게 피살당하고 말았다. 좌우 합작 추진과 함께 미국은 '과도입법의원'을 창설하여 중간파를 육성하려 했으나, 이를 위한 선거에서 우파 인사들이 큰 승리를 거두어 성과를 얻지 못하였다. 미군정은 중간파인 김규식을 과도입법의원 의장으로 내세웠으나, 의원 내에서의 그의 정치적 입지는 매우 협소하였다.

이 상황에서 이승만은 단정 운동을 맹렬히 펼치기 시작하였다. 1946년 4월 전국 순회강연을 시작으로 단정 운동을 본격화한 그는 모스크바 협정을 파기하고 남한만의 정부를 수립하여 이를 바탕으로 남북통일을 이루어야 한다고 일관되게 주장하였다. 그는 자신을 정점으로 하는 분단국가 수립을 추진하였는데, 한편 즉각 독립의 구호가 대중에게 상당한 호소력을 지녔음도 사실이었다. 이승만은 국제 정세를 읽는 능력이 뛰어나고 권모술수에 능한 사람이었다. 미국과 소련 사이의 협상이 불가능하다는 사실을 일찌감치 파악한 그는 남한 단정 수립이 자신이 권력을 장악하는 지름길이라는 사실을 명민하게 간파하여 단정 수립을 밀고 나갔다. 명분은 한반도 전체의 공산화를 막고 남한 정부를 바탕으로 하여 통일을 이루겠다는 것이었지만, 단정 수립이 어떻게 통일 국가 수립으로 이어질지 설득력이 없는 논리였다.

이에 반해 김구는 변화하는 국내외 정세에 기민하게 대응하지 못하여 몰락의 길을 걸었다. 김구는 투철한 애국 투사였지만 이승만에 비해 국제 정세관과 권력 투쟁 기술이 부족한 사람이었다.

그는 임시정부의 정통성에 집착하여 1947년 3월 초 임정 주권을 선언하려고 했으나 임정 세력 자체 내의 반대에 부딪혀 실현하지 못하였다. 며칠 뒤 그는 임정을 중심으로 정부를 접수하려고 기도하였으나 미군정에 발각되었다. 그 뒤부터 그는 미군정의 감시를 받는 인물이 되었다. 1947년 미소공동위원회의 재개에 즈음하여 그는 반탁 운동을 다시 벌였으나, 우파 안에서도 그 열기는 크게 식어 있었다. 또한 당시 반탁 운동은 이미 단정 운동으로 성격이 변질되어 김구의 통일 독립의 노선과는 거리가 있었다. 김구와 이승만의 관계도 그즈음 크게 벌어졌다. 그것은 단정 수립과 임정 추대라는 상반된 정부 수립 방법에 관한 문제이기도 했지만, 또한 궁극적으로 서로 자신에게 유리한 정국 변화를 도모한 노민족주의자들 간의 세 대결의 결과이기도 하였다. 이후 두 사람은 다시 화합하지 못하였고, 대한민국 정부가 수립된 뒤 김구는 안두희라는 육군 소위에게 암살되고 말았다 1949년 6월 26일.

한편 1946년 중반 이후 세력이 점점 약화된 좌익은 이를 타개하기 위해 폭력 혁명 노선으로 전환하였다. 조선공산당을 해산하고 더 과격한 남조선노동당 남로당을 창설하였다. 1946년 말에 접어들자 미군정과 좌익의 적대 관계는 돌이킬 수 없게 되었다. 남로당에 대한 미군정의 탄압은 1947년 8월 100명 이상의 좌익 인사들이 체포됨으로써 절정에 달하였다. 좌익이 세력 약화를 타개하기 위해 폭력 노선에 호소했다는 사실 자체가 당시 좌익이 힘을 잃었다는 사실을 증명한다. 이제 남한에서의 우익의 승리는 돌이킬 수 없게 되었다. 제2차 미소공동위원회가 열리던 1947년 여름 무렵 남과 북 모두에서 권력 투쟁이 마무리되고 있었으며, 독자적인 국가 기구들이 정착되고 있었다. 당시까지 미군정과 미 국무부는 여전히 모스크바협정 준수를 다짐하고 있었으나, 미 정계는 이미 한국에서의 조속한 철수를 진지하게 검토하고 있었다.

상황이 이렇게 전개되자 남한 내의 정치적 투쟁은 단정 추진 세력과 통일 정부 추진 세력 사이의 투쟁으로 나타나게 되었다. 이승만은 유엔이 남한 단독 선거 결정을 내리자 조기 총선을 위해 하지를 공격하고 순회 연설 등 적극적인 대중 운동을 벌였다. 하지와 미국 정부는 이승만의 완고한 독선을 혐오했고, 미군정은 김규식을 남한의 지도자로 추대하고자 하였으나 불가능한 현실이었다. 김구와 김규식은 단정 수립을 저지하기 위해 '남북 협상'을 추구하였다. 단정파의 득세 속에서 정치적 입지를 상실한 그들은 분단 고착화를 막겠다는 염원으로 남한 주민 다수의 반대를 무릅쓰고 평양으로 갔다. 그러나 평양에서 열린 '전조선 정당 사회단체 대표자 연석회의'1948년 4월 19~30일는 진정한 협상의 자리가 아니었다. 북한에서는 1948년 2월 이미 인민군이 창설되고 헌법 초안이 마련되는 등 국가 수립이 완결 단계에 접어들어 있었다. 이런 상황에서 북측은 국가 선포를 정당화하고 남한에서의 단독 선거를 저지하기 위해 그들을 이용하였을 뿐이었다. 5·10총선 불참이 이 두 실패한 협상파가 명분을 가지고 취할 수 있는 마지막 행동이었다.

단정파에 대한 또 다른 도전은 지하 세력화한 좌익에서 왔다. 좌익은 우파의 득세와 단정 수립을 막기 위해 이른바 '2·7구국 투쟁'을 통해 파업과 폭동을 일으키고 '4·3사건'을 주도하여 제주도에서의 선거를 불가능하게 만들기도 하였다.* 그러나 남로당은 이미 혁명이나 대규모 봉기를 일으키기에는 너무 약화되어 있었다. 무모한 폭력 투쟁으로 힘이 더욱 약화되고 정치적으로 패배한 남로당 세력은 이후 무장 유격전으로 투쟁 양태를 바꾸었으나, 6·25전쟁이 일어나기 전에 모두 토벌되고 말았다.

3.
6·25전쟁과
분단 고착
|

38선 분할로 시작되어 두 개의 단독 정부 수립으로 일단 고착된 분단 상황은 6·25전쟁이 승자 없이 패자만을 남긴 채 끝남으로써 더욱 공고하게 되었다. 6·25전쟁의 기원에 대해서는 지금까지 수많은 논쟁이 있었지만, 근본적으로 6·25전쟁은 해방 이후 당시까지 진행되었던 국가 건설을 둘러싸고 일어난 힘 투쟁의 최종적인 국면을 의미하였다. 그것은 단독 정부의 구성으로 고착되어 간 분단 상황을 역전시키고 민족 통일 국가를 이루려는 의지에서 나온 것이었다. 당시 남북한 양쪽의 정부와 국민 어느 누구도 분단 정부 수립을 최종적인 것으로 간주하지 않았다. 남쪽은 남쪽대로 북쪽은

---

* 4·3사건이란 제주도에서의 제헌의회 선거를 막기 위해 좌익 세력이 시위와 폭동을 일으켰는데 남한의 군과 경찰이 이를 진압한다는 명목으로 수십만 명의 민간인들을 학살한 사건을 말한다. 이 사건에 대한 진상 파악은 오랫동안 금기시되어 있다가 몇 년 전에야 이루어졌고, 이를 토대로 정부가 피해자 유족들에게 공식 사과하였다.

북쪽대로 자신의 정부를 중심으로 한 통일 국가 수립을 꾀하였고, 타협의 수단이 모두 실패로 돌아간 상황에서 폭력 수단이 전면에 나서게 되었다. 당시 양쪽의 정부는 무력 통일의 의지를 공공연히 드러내고 있었다. 이는 북측에서는 게릴라 침투를 통해서, 남측에서는 무력 사용 의지의 공공연한 선언을 통해서 나타났다.

대한민국 초대 대통령 이승만 역시 무력에 의한 통일을 꾀하고 있었다. 그는 기회 있을 때마다 북진 통일을 주장했으며, 이를 위한 군사적, 외교적 지원을 받기 위해 백방으로 노력하였다. 이는 미국의 대한 방위를 강화하고 원조를 확대시키며 북한 측에 압력을 가하려는 의도로 이루어졌지만, 남한의 북침을 우려한 미국의 반대로 실현되지 못하였다.[*] 그의 무모한 전쟁 불사 언사들은 오히려 미국 정부의 경계심을 일으켜 필요한 군사, 경제 원조가 삭감당하는 결과를 낳았다.

1949년 봄부터 38선 주변에서는 군사 분쟁이 자주 일어났다. 북한군이 아니라 한국군이 먼저 공격하는 경우도 많았다. 공격은 주로 현지 사령관들의 주도로 일어났지만 이승만은 이를 저지하기 위해 노력하지 않았다. 당시 이승만은 북한에 대해 새로운 자신감을 갖게 되었다. 총선을 앞두고 여순반란사건[**]이 진압되었고, 표현이 모호하기는 하였지만 유엔에서 남한 정부가 한반도에서의 유일 합법 정부로 승인받았다. 그러나 국내에서는 이승만 정권이 커다

---

[*] 이승만은 미국에 다음과 같은 제의를 하였다. ① 미국의 대한 방위 보장 선언, 혹은 한미 상호 방위 조약의 체결, ② 반공 투쟁을 위한 태평양 동맹의 결성, ③ 진해의 미 해군 기지화, ④ 경제 협력 기구를 통한 경제 원조. 미국 정부는 ①, ③에 대해서는 전략적 가치가 낮은 한국이 짐만 된다고 명백히 거절하였다. ②에 대해서도 중국 문제에 미국을 끌어들이려는 음모로 보고 이를 반대하였다. 이호재, 『한국 외교 정책의 이상과 실제』(서울: 법문사, 1969), 제7장 참조.

[**] 제주도 4·3사건에 대한 파병을 앞두고 여수와 순천에서 벌어진 좌익 군인들의 반란(1948년 10월).

란 정치, 경제적 위기를 겪고 있었다. 이승만의 권력은 어느 정도 확보되었으나 국회에서 야당의 큰 도전에 직면해 있었고, 미국의 군사 원조가 미미하였을 뿐 아니라 경제 원조도 '한국 원조 법안'이 미 의회에서 부결되어 어려움에 처해 있었다. 당시 한국의 군사력은 북한에 비해 일방적인 열세에 있었다. 북한은 소련에서 군사 원조를 받았을 뿐 아니라 중국 공산당에 속해 일본군과 전투를 벌인 소위 연안파 인사들, 그리고 김일성의 게릴라 부대 경험들이 합쳐져 남한보다 군사적으로 크게 유리한 위치에 있었다. 미군과 소련군은 분단 정부 수립 뒤 모두 본국으로 철수한 상황이었다.

이승만은 해방 전부터 미국 조야에 골치 아픈 인물이 되어 있었고, 해방 후에도 사사건건 미국 측과 충돌하였다. 미국 정부는 이승만을 매우 싫어하였다. 미국 정부는 이승만에게 여러 가지 압력을 가하였다. 1950년의 총선을 예정대로 치르도록 압력을 가했고, 경제 위기 극복을 위해 물가 대책을 마련하지 않으면 원조를 삭감하겠다고 위협하였다. 이러한 상황에서 조약으로 공식화되지 않은 미국의 한국 방위 약속은 믿을 수 없어 보였다. 1950년 1월 12일에 있었던 미 국무장관 애치슨의 방송기자클럽 연설은 한국 방위를 명시적으로 포기하지는 않았지만 남한과 북한 모두에 상당한 영향을 주었다. 한국 정부는 한국을 미국의 방위선에 포함시키지 않은 그 연설 때문에 불안해하였고, 북한 수뇌부는 같은 이유로 고무되었다고 한다.

단정 수립 후 북한은 이승만 정권을 전복하기 위해 남한의 게릴라 활동을 지원하였으며, 언제부터인지는 확실치는 않으나 직접 무력 침공에 의한 '남조선 해방' 전략이 북한의 공식 전략으로 굳어지게 되었다. 김일성과 박헌영은 1949년 3월 소련을 방문하여 문화와 경제에 관한 조약과 군사 원조에 대한 비밀 협정을 체결하였다. 그 결과 1949년부터 이듬해 사이의 겨울 동안 북한의 군사력은 크게 증가하였다. 북한군의 규모는 1950년 첫 주 동안에 2배로 증가했고, 중국군에서 복무하던 1만 2,000명의 북한 군인들이 귀환하였다. 1950년 봄에 북한으로의 무기 공수가 증가하였고, 2월부터 4월까지 국경 지역 3.2km 사이에 거주하는 주민들이 소개되었다. 그러나 북한은 전쟁 준비를 하면서도 평화 공세를 취하는 것을 잊지 않았다. 남한에서 1950년 5·30총선의 결과 반이승만 세력이 대거 국회에 진출하자, 북한은 일련의 평화 통일안을 내놓기도 하였다.

이런 상황에서 북한의 전면 공격이 시작되었다. 북한은 미국이 군대를 파견하지 않을 것이고 한국 안의 숨어 있던 좌익 세력과 지지 민중들이 들고 일어나 순식간에 남한 전역을 차지할 수 있으리라고 잘못 판단하였다. 그러나 이 두 판단은 모두 그릇되었음이 판명되었다. 미군은 북한이 전면 공격해 오자 즉각 참전하였으며, 북한, 특히 박헌영이 믿었던 남한 인민의 봉기는 일어나지 않았다. 미국은 애치슨선언에도 불구하고 한국을 포기한 것이 아니었다.

1950년 6월 25일 발발하여 3년 뒤 1953년 7월 27일 휴전협정으로 막을 내린 6·25전쟁은 잠정적일 수 있었던 한반도의 분단 상황을 지금까지 지속되게 하였다. 전쟁 이후 한반도의 두 국가는 냉전의 최첨단 보루로 세계적 냉전이 끝난 지금까지도 긴장 상태를 계속하고 있다. 남북한의 동서 진영으로의 편입은 '한미상호방위조약'과 '조소 우호협력 및 상호원조조약'으로 공식화되었다. 전쟁은 국제적으로 냉전 체제를 심화시켰고 국내적으로 분단 체제를 고착시켰다. 이념적으로 볼 때, 남한에서는 반공 이념이, 북한에서는 반미 사상이 국가와 사회 모두에 지배적인 것으로 되었다. 이러한 이데올로기적인 대립은 전쟁의 상처가 남긴 뿌리 깊은 적대 의식과 상호 불신감으로 더욱 악화되었다. 정부와 국민 양자에 내재한 적대 의식과 불신감은 지금까지 통일 논의가 큰 성과 없이 공전하고 있는 가장 근본적인 이유이다. 이 점에서 6·25전쟁이 분단 고착화에 미친 영향은 엄청나다.

이쯤에서 분단의 책임 문제를 간단하게 언급하고 넘어가고자 한다. 분단은 무엇보다 미국과 소련이 한반도를 분할 점령하였기 때문에 일어났다. 그것은 물론 한민족의 영구 분단을 의도한 것이 아니었고, 소련의 한반도 전역 지배를 막기 위한 임시방편이었다. 그러나 그 임시방편이 임시방편으로 그치지 않고 분단국가 수립으로 고착된 데에는 의도한 협상을 성사시키지 못한 미국과 소련 두 나라의 책임이 크다. 그 과정의 세세한 부분에서 어느 쪽이 더 책임이 큰지를 따지는 것은 의미가 없다. 굳이 따지자면 한국 문제를 유엔으로 가져감으로써 미소 합의를 일방적으로 깬 미국 쪽에 책임이 더 있다. 더 중요하게, 애당초 38선 분할 점령을 제의한 쪽이 소련이 아니라 미국이었다. 이런 점들을 볼 때, 분단의 발단에서 져야 할 책임은 미소 양국이 나눠 가지지만 미국 쪽 책임이 좀 더 크다고 할 수 있다.

분할 점령 상태를 통일 국가 수립으로 바꿔 놓지 못한 것 역시 미국과 소련의 책임이 크다. 양국은 모두 자신에 유리한 주장만 하다가 협상을 제대로 시작도 하지 못하고 말았다. 그러고는 서로 적대적으로 돌아서서 모두 자기 점령 지역에서 자기편에 정권이 넘어가게 하였다. 한민족이 분단되든 아니든 그들에게는 별다른 관심사가 아니었다. 자기 세력을 지키는 것이 더 중요하였다. 그래서 아무 쪽도 아무런 양보도 하지 않았다. 미국은 자기 앞마당인 유엔에서 자기에 유리한 대로 남북한 총선 결정을 했고 소련은 자기에 불리하니 그것을 거부하였다. 양쪽 모두에서 이미 정부 수립 준비가 다 된 상태였으니 자기 점령 지역만 제대로 챙기면 되는 것이었다.

그러면 우리 지도자들은 어땠는가? 그들 역시 마찬가지였다. 무능하였거나 자기 이익이 앞섰다. 남한의 경우 우국충정의 김구는 정세를 주도할 혜안이나 세력이 부족했고, 중간파 인사들은 힘 자체가 없었고, 이승만은 자기의 최고 권력 확보가 가장 중요하였다. 북한에서는 여러 좌익 지도자가 있었지만 김일성이 소련의 도움으로 권력의 핵심에 섰다. 어느 쪽 지도자들도 남북한을 아우르는 지도력을 가지지 못하였다. 우리 지도자들의 힘 부족과 무능함이 분단의 시초를 깨고 이를 되돌리지 못한 책임을 져야 한다. 그들이 좀 더 유능하거나 좀 더 통합적인 지도력을 가졌더라면 결과는 달라졌을지도 모른다. 대중들도 좀 더 성숙하여 국제 정세를 잘 파악하고 무조건 신탁통치 반대 등의 행동을 하지 않았더라면 결과가 달라졌을지 모른다. 그러나 과연 그랬을까? 미국과 소련이 조금도 손해 보지 않으려고 협상 의지를 보이지 않는 마당에 우리 지도자나 국민들이 할 수 있었던 일이 얼마나 있었을까? 이렇게 볼 때, 아무래도 분단의 책임은 미국이 가장 많이 져야 하고 그다음으로 소련이, 그리고 그다음으로 우리 지도자와 국민들이 져야 할 것으로 생각된다.

대한민국 수립과 민주주의 도입

대한민국 정부가 수립되면서 정치 체제는 서양식 자유민주주의를 채택하였다. 그 체제가 우여곡절을 겪으면서 지금까지 이어져 오고 있다.

1.

정부 수립과
민주주의 도입

|

자유민주주의는 우리가 경험하지 못한 낯선 체제였지만, 정부 수립 당시 이에 대한 아무런 반대가 없었다. 시대의 대세였기 때문이다. 그러나 우리에게는 서양식 근대 민주주의를 심을 조건들이 빈약하였다. 1919년 3·1운동 뒤에 수립된 상하이 임시정부가 공화제를 채택하여 근대 민주주의의 싹을 심었다고 할 수도 있지만, 그것이 이후의 한국 정치 지도자들에게 민주주의 훈련을 시켰다고 보기는 힘들다. 일제 통치 아래에서 조선인들은 중앙 정치에서 철저히 배제되었기 때문에 정치 경험을 쌓을 수 없었고, 군국주의 아래에서 민주적인 정치 훈련은 생각조차 하기 힘들었다. 대중의 교육 수준이나 중산층의 성장 등 민주주의 발전에 토대를 이룰 사회, 경제적 조건도 물론 미흡하였다. 이렇게 준비가 안 된 상황에서 민주주의가 외부에서 수입되었기 때문에 한국 민주주의는 많은 우여곡절을 겪을 수밖에 없었다.

민주주의 제도의 도입을 선도한 측은 당시 남한을 점령 통치하던 미국이었다. 미국은 제2차 세계대전 후 세계 신질서를 구상하면서 자신의 점령 지역에 자유민주주의 체제를 이식하려고 하였다. 이는 소련 공산주의 저지, 즉 반공이라는 또 하나의 대외 정책과 짝을 이루는 것이었다. 동서 냉전의 와중에서 미국이 반공적인 자유민주주의 체제를 한국에 강요한 것은 당연한 일이었지만, 그 체제가 우익 세력만의 좁은 기반에 입각할 것이냐 아니면 극좌를 제외하고 더 광범위한 기반을 가질 것이냐가 문제였다. 미국 측은 후자를 원했으나 냉전 격화와 국내 우익 세력들의 득세로 광범위한 이념적, 정치적 연합을 이루는 데 실패하였다.

유엔에서 결정한 바에 따라 1948년 5월 10일 총선거를 실시하여 국회를 구성하고 8월 15일 정식으로 대한민국 정부가 출범하였다. 이승만은 청년기부터 미국에서 공부하고 삶의 대부분을 미국에서 보낸 만큼 미국식 기독교 문화와 공화제 민주주의 이념의 영향을 받았다. 그는 초대 국회의장으로 선출된 뒤 국회 개원 식사에서 새로이 출범하는 대한민국이 민주주의의 원칙에 입각할 것과 모든 국민이 모든 분야에서 평등과 자유를 누려야 한다는 이상을 밝혔다. 그러나 동시에 그는 강력한 대통령제를 원하였다. 헌법학자 유진오가 주도하여 만든 대한민국의 헌법 초안은 내각책임제를 정부 형태로 규정하였다. 그러나 이승만은 이를 대통령책임제로 바꾸도록 강력히 요구했고, 초안에 명시된 국무위원 임명에 대한 국무총리의 제청권을 삭제케 하였다. 이렇게 하여 탄생한 제1공화국 헌법의 주요 내용은 다음과 같았다. 즉 국회를 단원제로 하고, 정부 형태는 대통령제를 중심으로 하되 반대파에 대한 타협으로 내각책임제 요소를 가미하는 형식을 띠었다. 국회의 정부 불신임 결의안과 정부의 국회 해산권을 삭제하여 대통령제를 본질로 하면서, 동시에 대통령에 대한 의회의 권한을 보장하기 위해 대통령의 선출을 국회에서 하도록 규정하였다. 국회의원과 대통령의 임기는 4년으로 하고, 대통령은 1차에 한해 중임할 수 있게 규정하였다. 이 헌법에 따라 국회는 이승만을 대통령으로 선출하였다.

2.
이승만 정부와
민주주의의 타락

이렇게 탄생한 이승만 정권은 가부장적 성격이었고, 국가는 강한 반면 민간 사회는 약한 모습을 보여 주었다. 먼저 국가와 사회의 관계부터 알아보자.

강한 국가와 약한 사회

당시 한국의 국가는 일제와 미군정에서 물려받은 경찰, 관료 기구들을 중심으로 정치와 경제를 좌우할 수 있었던 반면, 민간 사회는 산업화의 미숙과 그에 따른 계급 형성의 미약, 그리고 사회단체와 이익 단체들의 미발달로 독자적인 힘을 형성할 수 없었다. 경찰과 관료는 이 정권 권력 구조의 가장 중요한 부분을 형성하였다.

이들은 이승만의 권력 확장을 위해 불법적인 선거 개입과 반대파에 대한 정치적 탄압을 자행하였다. 전국적 규모와 조직을 가지고 이승만이라는 최고 권력자와 일종의 후원-피후원 관계를 형성한 경찰과 관료 기구의 간부들은 이 정권의 흥망과 자신의 흥망을 동일시하였다. 그들은 일제와 미군정기를 거치면서 성장했고, 이 정권 유지에 중심 역할을 담당하였다. 해방 후 친일파들을 처벌해야 하였지만, 미군정과 이승만 정권은 행정의 효율성과 이를 위한 전문 인력의 필요성을 이유로 구 친일 관리들을 존속시켰다. 관료 조직, 특히 내무부와 지방자치 조직들은 부정 선거에 앞장섬으로써 이승만의 권력 유지와 정치적 퇴행에 중요한 역할을 담당하였다. 특히 정권 말기, 즉 자유당 과두 지배기에 관료 기구는 극심하게 정치화되었고, 관료 출신 인사가 자유당 내에서 강경파로 실권을 장악하게 되었다. 이승만이 친일파를 제대로 처벌하지 않고 심지어 친일파 처벌을 위해 만든 국회의 반민족행위특별조사위원회^{반민특위}를 무력으로 해산시킨 사건은 이후 친일 청산을 포기한 대한민국의 치부를 상징한다.

국가 기구들의 강압력에 비해 민간 사회는 정치적으로 큰 힘을 발휘하지 못하였다. 이는 당시의 계급 상황을 살펴보면 명백해진다. 우선 자본가 계급을 볼 때, 1950년대 한국의 사회, 경제는 귀속 재산의 불하와 미국 원조로 관료적 자본주의의 출발을 보였으나, 토착 자본가의 형성은 미미한 상태에 있었다. 자본가 계급은 국가가 제공하는 원조 자금의 배분과 각종 특혜를 통해서만 성장할 수 있어, 이를 담당한 관료 기구에 거의 절대적으로 의존하고 있었다. 한편, 이승만 정부에 의해 시행된 농지개혁 1949년 6월 21일 농지개혁법 공포은 지주 계급의 해체를 초래하였다. 유상 매입 유상 분배를 통해 농민들에게 농지를 나누어 준 결과 지주들의 농지 과점이 해소되었고 지주들의 정치적 영향력도 약화되었다. 일제 시대까지 조선인 중에서 지배 계급의 일원을 형성하고 있던 지주 계급의 해체는 사회적 평등을 향한 획기적 전환점이 되었을 뿐 아니라, 건국 후 국가에 도전할 가능성을 가졌던 유일한 사회 세력이 소멸되었음을 의미하였다. 정치 사회의 차원에서 볼 때, 이것은 지주 출신 세력들이 중심이었던 한민당 세력이 약화되고 이승만의 권력이 강화됨을 의미하였다.

국가에 대한 민간 사회의 취약성은 노동자, 농민, 도시 서민 등 하층 계급의 경우에서도 증명된다. 산업화가 본격적으로 이루어지지 않은 상황이었기 때문에 산업 노동자의 수효와 조직화는 미미하였다. 노동자 수효가 적었을 뿐 아니라, 그 조직도 국가에 거의 완전히 예속되어 있었다. 국가의 노동 정책은 근본적으로 독자적인 노동 운동을 억압하는 방향으로 전개되었고, 노동 계급 일반이 국가의 실질적인 통제하에 들어갔다. 농민층도 정치 사회적인 세력을 형성하지 못하였다. 농민층은 이승만 정권하에서 전형적인 정치적 순응과 무관심을 나타내었다. 6·25전쟁의 결과 농민 조직가들이 사라지고 반공 이념이 내면화되어 농민들은 국가에 대체로 순응하였다. 농지개혁을 통해 농촌의 극심한 불평등이 해소되어 급진 세력이 농촌에서 지지 기반을 잃게 되었고, 정치 투쟁의 초점은 도시로 이동하게 되었다.

　　국가는 사회 세력을 동원하고 조직화하여 지배의 수단으로
이용하였다. 대한국민회, 대한청년단, 대한노동총연맹, 농민조합총
연맹, 대한부인회 등이 자유당의 기간단체로 가입했고, 이들에 의
한 관제 데모가 정권 유지에 큰 몫을 담당하였다. 사회 세력들의 독
자적 영역 확보나 정치 세력화는 극히 미미하였다. 그러나 이 말이
국가의 정책적 '능력'이 높았다는 말은 아니다. 이 정권하의 국가는
건국의 중요 과제로 고려되어야 했던 사회, 경제적 발전을 외면한
채 반공과 통일의 구호에만 집착하였다. 경제 발전 과제는 국가 목
표로 우선 고려되지 않았을 뿐 아니라, 환율 정책, 물가 정책들이 경
제적 효율보다는 정권 유지의 수단으로 이용되어, 경제적 파행과 부
패의 온상이 되었다. 물론 6·25전쟁의 파괴가 경제적 어려움의 주
요 원인이었고, 정부가 전후 경제 부흥에 노력을 기울인 것도 사실
이었다. 그리고 1950년대 후반 들어 기술 관료의 성장이 이루어져
경제 발전을 향한 사회적, 제도적 분위기가 고조되고 관료 조직 내
에서도 개발 계획을 향한 새로운 분위기가 어느 정도 조성된 것도
사실이었다. 그러나 1958년 부흥부를 중심으로 시도된 3개년 개발
계획은 자유당 내각의 반대에 부닥쳤고, 이것이 채택된 때는 정권의
몰락이 임박한 때였다.

　정권의 기본 성격

　　이 정권의 통치 구조는 가부장주의의 특징들을 가지고 있었

다. 그것은 이승만 개인에 의해 지배되고 이승만의 개인적 특질에 의해 좌우된 정권 구조였다. 후기에 이승만이 늙어 자유당 과두 세력이 실제 권력을 행사하게 되었으나, 그들은 여전히 이승만에게 개인적 충성을 바치고 있었다. 자유당 과두 세력은 이승만 개인의 흥망에 정치 생명을 걸고 있었다. 이승만과 부하들 사이에는 충성과 은덕, 혹은 물질, 지위의 보상이 교환되는 일종의 후원-피후원의 관계가 형성되어 있었다. 정치적 경쟁의 가능성을 보인 인물에 대해서는 비정한 숙청이 뒤따랐다. 내각의 잦은 개편에서 이러한 현상이 보였고, 대표적으로는 조선민족청년단의 이범석 제거에서 나타났다. 이범석은 독립운동 지도자로서 청년 단체들을 규합하여 이승만 통치에 힘을 더하였으나, 영향력이 확대되자 이승만은 그를 제거하기로 마음먹었던 것이다.

　　지배 세력은 관료, 경찰, 군 등 국가 기구와 청년 단체, 노동 단체 등 외곽 조직을 통해 반대파를 탄압하고 폭력적 개헌과 부정 선거를 자행하였다. 그러나 동시에 이승만 개인의 카리스마와 대중 동원 능력도 정치적 통제에 큰 역할을 하였다. 국가 건설과 국민 통합이 시급했고 전후 복구를 서둘러야 했던 건국 초기에는 이승만의 카리스마적 지도력이 국민에게 큰 호소력을 발휘하였다. 특히 1953년의 반공포로 석방 결정, 휴전 반대 범국민 운동 등은 국민의 열렬한 호응을 받았다. 해방 직후부터 국민에게 직접 호소하는 방법을 통해 정치적 목적을 달성하던 이승만은 정권 수립 후에도 정치적 반대에 직면할 때마다 대중을 동원하여 반대 세력을 궁지에 몰아넣고

자신의 목적을 달성하였다. 그러나 이러한 대중 동원은 국민에 대한
그의 카리스마적 지도력이 유지될 때는 효과가 있었으나, 그 기반이
흔들린 1950년대 중반 이후에는 효력을 상실하게 되었다.

　　동시에 가부장주의가 가능할 또 다른 조건인 정치 엘리트의
동질성도 당시 한국 정치 사회의 뚜렷한 특징이었다. 단정 수립과
6·25전쟁을 통해 좌파와 혁신적 중도파의 정치적 입지가 사라졌으
며, 집권 세력과 야당 세력 모두 보수적 반공주의에 지배당하고 있
었다. 그들 간에는 국가 건설의 대안이나 통일의 방법, 경제 발전의
기본 방향 등에서 별다른 차이를 찾아볼 수 없었다. 정치적 경쟁은
좁게 규정된 정치 사회의 한계 내에서 권력을 장악하기 위한 투쟁으
로 좁아져 있었다. 진보당1956년 창당의 도전이 있었으나, 그들의 이
념이 그렇게 급진적인 것도 아니었고, 통치 구조에 대한 근본적인
도전이 되지도 못하였다.

　　가부장적 지배 구조는 엘리트의 동질성이 유지되고 대중의
묵종이 지속되는 한 계속될 수 있다. 그런데 엘리트의 동질성은 오
래 유지될 수 있을지 모르나, 급속한 사회적 동원을 경험하는 근대
화 사회에서 대중의 묵종은 오래 지속되지 않는다. 앞서 본 바와 같
이 1950년대의 한국 사회는 큰 변화를 겪고 있었다. 이러한 사회적
변화와 이를 통한 정치 참여의 증대를 수용할 정치적 수단을 가부장
적 지배 체제는 마련하지 못한다. 그것은 본질적으로 정치 제도가
아니라 개인의 지도력과 사적 조직을 이용한 지배 체제이기 때문이
다. 이승만의 지배 체제도 대중의 순응이 지속되는 한 유지될 수 있

었으나, 그것이 사라진 1950년대 후반부터 흔들리기 시작하였다. 가부장적 통치자는 시간이 흐름에 따라 사회의 흐름에서 점점 더 격리되었다. 이를 자유당 과두 체제가 대신하고자 하였으나, 이 체제는 급변하는 사회 상황에 적응할 수 없었다. 근본적으로 그것이 이승만 개인 지배의 기초 위에 서 있었기 때문이었다.

이 정권은 한편으로는 반대 세력의 취약성에 의해 유지될 수 있었다. 한민당—민주국민당^{민국당}—민주당으로 이어진 주요 야당 세력은 집권 세력과 이념 차이가 없었기 때문에 근본적인 정치적 대안 세력이라고 할 수 없었다. 또 야당에는 이승만의 개인적 권위에 필적할 만한 정치 지도자가 존재하지 않았다. 독립 운동가 출신인 신익희가 유일한 후보자였으나, 1956년 대통령 선거 기간 중에 돌연히 사망하여 야당 지도력에 커다란 공백을 남겼다. 또 야당 세력 자체에 내재한 파벌 갈등 역시 지도력을 크게 훼손하였다.

한미 관계는 당시 국내 정치 과정에 매우 중요한 영향을 행사하였다. 이승만 정권은 존립 자체를 미국의 지원에 크게 의존하고 있었다. 미국의 군사적, 경제적 원조 없이는 국가를 존립시킬 수 없을 만큼 한국의 정치, 경제는 미국에 종속되어 있었다. 그러나 그렇다고 이 정권과 미 행정부 간의 갈등이 없지는 않았다. 당시 이승만의 최대 관심은 권력 장악과 이를 바탕으로 한 북진 통일이었다. 그는 전자를 위해 갖은 정치적 파행을 야기했고, 후자를 위해 미국으로부터 외교적, 군사적 원조를 얻기 위해 노력하였다. 그러나 미국 정부는 본격적인 군사 원조를 제공하지 않았을 뿐 아니라, 경제 부흥과 민주 절차를 존중하도록 이승만을 압박하였다. 미국 정부는 과도한 국방비를 줄이고 인플레를 잡기 위한 세제 개혁과 환율 조정을 하도록 압력을 가했으나, 정치 자금 조달에 몰두하였던 이승만은 이를 받아들이지 않았다. 미국은 환율을 일방적으로 변경하고 1957년 이후 경제 원조 삭감을 단행하였다. 그 결과 경제 성장이 둔화되고 물가가 치솟았다.

　　　미국의 간섭은 더 명시적인 정치 개입의 형태도 수반하였다. 1950년 제2대 국회의원 선거를 예정대로 실시하도록 압력을 가했고, 1952년 부산정치파동을 해결하기 위해 개입했으며, 이 과정에서 이승만 제거 계획, 곧 '에버레디' 계획을 세우기도 하였다. 그리고 1958년 보안법 파동을 둘러싸고 이승만에게 사임하도록 압박하기도 하였다. 미국 정부는 한국의 자유당 온건파가 진보적 개혁을 시도하여 공산화의 위험을 제거할 필요가 있다고 판단하였다. 그러나 1958년 보안법 파동에서 자유당 온건파가 주도권을 행사하지 못하고 1959년 7월 진보당의 조봉암이 간첩 혐의로 부당하게 처형되자, 미국 정부는 이승만 정부로부터 등을 돌리기 시작했으며, 4·19 봉기가 일어나자 이승만의 하야를 강권하였다. 그러나 미국 정부는 이승만을 제거하거나 그의 파행을 적극 저지할 수 없었다. 그것은 근본적으로 한국에서 이승만을 대체할 반공 지도자를 찾을 수 없었기 때문인 듯하다. 미국 정부는 반공 지도자로서 공산주의 팽창에 대한 확실한 방패막이 구실을 할 수 있는 한 그가 필요하였다.

이승만 정권의 변천 과정은 3단계로 나눌 수 있다. 제1단계는 1948년 건국부터 1952년 개헌과 대통령 재선을 통한 초기 권력 확립기이며, 제2단계는 1952년 이후 1956년 장면 부통령 당선까지의 권력 안정기이며, 제3단계는 그 이후 1960년 정권 붕괴까지의 권력 쇠퇴기이다.

제헌국회 초기의 권력 투쟁은 이승만과 한민당 사이의 투쟁으로 압축되었다. 그것은 먼저 정부 구조를 둘러싼 헌법 제정 문제로 나타났다. 한민당은 건국 이전부터 이승만과 일종의 동맹 관계를 맺고 단정 수립에 일익을 담당했으나, 건국 후 이승만을 명목상의 국가수반으로 내세우고 실질적인 정치권력을 장악하려고 하였다. 따라서 그들은 내각책임제 정부 형태를 고집하였다. 반면 이승만은 모든 정파를 초월한 국부적 지도자로서의 자신의 위치를 양보하려 하지 않았다. 그 결과 정부 제도는 국회가 대통령 선출권을 가지고 대통령은 국회 동의 없이 내각을 임명할 권리를 가지는 기묘한 절충의 형태로 나타났다.

이승만의 권력 확립은 여러 가지 수단을 통해 이루어졌다. 4·3사건과 여순반란의 성공적 진압이 반공 체제를 강화하는 데 기여하였고, 이를 계기로 1948년 국가보안법을 제정하여 '공산주의 색출'이란 명목하에 공산주의자가 아닌 정적들을 탄압할 수 있었다. 이승만은 또 1948년 9월 국회에서 통과된 반민족행위처벌법에 따라 구성된 반민족행위특별조사위원회의 활동을 중단시킴으로써 자신의 지지 기반이던 경찰과 관료의 약화를 방지하였다. 또 농지개혁을 단행하여 농촌에서의 한민당 기반을 소멸시키고, 청년 단체들을 대한청년단으로 통합하여 관제 데모에 동원하였다. 그의 권력 강화 과정은 이와 같이 친일파 처벌을 가로막고 관제 동원을 통해 민간 사회를 동원 또는 억압함으로써 이루어졌다.

그러나 그의 권력 강화 노력은 처음부터 상당한 난관에 봉착하였다. 국회는 반이승만 세력이 우세한 상황에 있었고, 반민특위 사건으로 이승만의 정치적 정당성이 훼손되고 지배력 구축이 타격을 받았다. 의회 내 소장파 의원들의 도전도 거세졌다. 국회의 구성은 1950년 5월 30일 시행된 제2대 국회의원 선거로 더욱 불리해졌다. 이 선거에는 초대 총선에의 참여를 거부했던 중간파와 좌파가 대거 참여하였다. 그러나 이승만 체제의 위기는 그보다는 경제의 난맥상과 미국의 압력에서 왔다. 미국은 이승만이 시도했던 총선 연기와 물가 통제 문제로 원조 삭감 협박을 하는 등 그에게 압력을 가하였다. 6·25전쟁 이전 군사 원조와 경제 원조가 제때 이루어지지 않아 국가로서의 존립이 위태로운 상황이었고, 쌀값을 비롯한 생필품 값이 치솟아 사회적 불안이 조성되었다.

그러나 6·25전쟁은 이승만의 권력 강화에 크게 기여하였다. 전쟁의 소용돌이에서 이승만은 휴전 반대 국민운동과 북진 통일 촉진 국민 궐기대회 등 대중 동원을 통해 정치적 입지를 크게 강화하고 야당 세력을 탄압하여 대통령 직선제 개헌안을 통과시킴으로써 장기 집권의 발판을 닦았다. 전쟁 중 피난 임시 수도인 부산에서 일어난 1952년의 '부산정치파동'은 최초의 반국회적인 폭거였다. 정치 투쟁은 대통령의 대통령 직선제 개헌안과 야당 측의 내각책임제 개헌안 사이의 대결로 시작되었다. 국회에서의 세 불리를 의식한 이승만은 국민이 직접 대통령을 선출하는 직선제 개헌을 추진했고, 반면 이렇다 할 지도자가 없던 한민당은 내각책임제를 추진하였다. 이승만은 반대 세력을 억누르기 위해 국회를 해산하겠다고 위협하고, 반대파 국회의원들을 강제 억류했으며, 대중을 동원하여 국회의원 소환 운동을 벌이게 했고, 반대자들을 공산주의자로 매도하였다. 더 나아가 그는 부산 지역에 계엄령을 선포하고, 백골단, 땃벌떼 등 폭력 단체들을 자신에 대한 지지 시위에 동원하였다. 이에 비해 야당은 이승만에 맞서 싸울 만한 물리적, 조직적 힘이 부족하였고 국민들의 지지도 크게 받지 못하는 상황에 있었다. 그 결과, 야당의 체면을 최소한 살려 준 범위에서, 정부안인 대통령 직선과 양원제를 골자로 하고, 그 대신 야당이 제안한 대로 국회가 내각불신임권을 가지고 대통령의 각료 임명은 국무총리의 추천을 통해서 한다는, 소위 '발췌개헌'안이 7월 4일 통과됨으로써 정치 위기는 일단락되었다. 이렇게 대통령 직선제를 관철시킨 이승만은 1952년의 대통령 선거에서 74.6%의 압도적인 득표로 재선에 성공하였다.

정당 없는 독보적인 활동에 한계를 느낀 이승만은 정당의 필요성을 자각하여 1951년 12월 자유당을 창당하였다. 경찰, 관료 조직이 총동원된 1954년 제3대 국회의원 선거에서 자유당은 월등한 조직력과 관권 개입을 통해 지지부진한 상태에 있던 야당 세력에 압도적인 승리를 거두었다. 이를 바탕으로 이승만은 또 한 번 불법적 개헌을 시도하게 된다. 이른바 사사오입개헌으로, 이것은 두 번으로 제한된 대통령 중임을 세 번으로 늘리겠다는 3선 개헌이었다. 1954년의 사사오입개헌은 한국 헌정사에서 하나의 수치로 기록될 만하다. 2년 전의 경우와 비슷하게 야당의 적극적인 반대에 부딪힌 자유당 세력은 국회의원 재적 3분의 2 선인 136표에서 1석 모자란 135석의 개헌 찬성표를 얻었을 뿐이었으나, 부결 선포가 있은 이틀 후 그 전날은 일요일이었다 야당 의원들의 강력한 반발 속에 이를 사사오입의 산수 원칙에 입각하여 번복, 통과시킨 것이다.

무리한 개헌을 둘러싼 정치 세력들 간의 투쟁은 야당 세력으로 하여금 정치적 연합의 필요성을 절감케 하여 1955년 9월 18일 민주당이 결성되는 계기가 되었다. 새로 생긴 민주당은 당시까지 지리멸렬하였던 야권의 제도적 구심점이 되었다. 이는 이승만 정부의 부패와 전횡에 점차 등을 돌리고 있던 국민에게 정치적 대안이 생겼음을 의미하였다. 1956년의 정부통령 선거에서 민주당은 파벌 다툼을 일시적으로 극복하고 대중적 인기를 누리던 신익희를 대통령 후보에 지명하여 선풍적인 열풍을 일으켰다. 신익희의 돌연한 사망으로 정권 교체는 좌절되었으나, 관심이 집중되었던 부통령 선거에서 예상을 뒤엎고 민주당의 장면이 자유당의 이기붕을 누르고 승리하였다.* 한마디로 이 선거는 자유당으로부터의 민심 이탈과 민주당의 정치적 부상을 보여 주었다.

---

* 이 선거에서 대통령 후보로 나선 진보당의 조봉암이 216만 표(유효표의 23.9%)를 획득하여 선풍을 일으켰다. 그러나 그가 획득한 표의 상당수가 사망한 신익희에 대한 추모 표였으리라는 사실은 쉽게 짐작할 수 있다.

　　1956~1958년간의 비교적 조용하였던 시기가 지나자 정치 사회의 권력 투쟁은 1958년의 총선과 국가보안법 개정을 둘러싼 파동으로 다시 한 번 본격화되었다. 1958년 5월의 제4대 국회의원 선거에서 자유당은 막대한 경찰력을 투입하였지만 126석 획득에 그쳐 의석을 10석이나 잃었다. 이제 자유당 과두 세력은 차기 대통령 선거에 대해 초조해지지 않을 수 없었다. 그리하여 집권 세력은 폭력과 불법 행동들을 통해 차기 선거에서의 승리를 확보하려고 하였다. 그중 대표적인 것이 1948년 제정된 국가보안법을 개정하여 정치적 반대 세력을 탄압하려는 것이었다. 새로운 국가보안법은 용공 행위에 대한 색출을 목적으로 하고 있었지만, 그 조항들이 지닌 모호함과 포괄성은 정적들에 대한 자의적 탄압을 가능케 하였다. 예전처럼 이 법안도 야당 의원들에 대한 강제 억류와 감금, 그리고 날치기 통과로 처리되었다. 정권은 언론 탄압도 자행하여 1959년 정부에 비판적이던 「경향신문」을 폐간시켰다.

　　강력해진 야당의 도전 아래 국민의 지지를 잃은 집권 세력이 취할 수 있는 대응책은 정치적 민주화와 경제 개발 계획을 과감히 수행하거나 더 큰 강권력으로 권위주의 독재를 제도화하는 것이다. 그러나 이승만 정권은 이 두 길 중 어느 것도 택할 수 없었다. 우선 이 정권이 정치적 민주화를 채택하는 것은 구조적으로 불가능하였다. 개인적인 권위와 대중의 묵종에 의존하는 가부장적 권위주의 정권은 정치적 민주화가 필연적으로 수반하는 대중의 사회, 정치적 참여와 정치적, 이념적 다양성의 증가를 수용할 제도적 장치도 국민적 지지의 바탕도 없다. 따라서 권력이 개인화되어 있는 한 그것이 점진적인 변화를 통해 개방 체제로 나아가기는 매우 힘들다. 개인 통치자는 정치적 반대를 수용할 능력이 없고, 따라서 될 수 있는 한 이를 억제하려 하게 마련이다. 이승만이 없는 제1공화국이란 생각 할 수 없었다. 그만큼 당시의 통치 구조는 이승만의 개인적 자질과 결함에 의해 결정되었다고 해도 과언이 아니다. 그렇다고 해서 이승 만 정권이 더 본격적으로 강압적인 권위주의 통치 구조를 갖추는 것 도 불가능하였다. 이 정권의 구조는 이후의 군사 독재 체제와는 달 리 막강한 재정이나 폭력에 의존하고 있지 않았다. 국가는 민간 사 회 위에 군림했지만, 그 물적 토대는 비교적 빈약하였다. 또 이 정권 자체가 자유민주주의를 공산주의에 대항하는 이념적 토대로 내세 웠기 때문에 본격적인 탄압 체제를 갖추는 데는 무리가 있었다. 민 주주의 체제로의 개선도 본격적인 탄압 체제로의 개악도 불가능하 였던 시점에서 자행된 3 · 15부정선거는 이승만 정권의 모든 부패와 죄악을 농축해 놓은 사건이었다. 이에 대한 학생과 시민의 대규모 항거가 결국 이승만 정권의 종말을 가져왔다. 그리고 그것은 한국의 정치를 일종의 혁명적인 상황으로 몰고 갔다.

4·19와 민주주의의 시련

　　이승만은 권력을 연장하기 위해 1960년 3월 15일 정부통령 선거에서 대규모 부정을 저질렀다. 당시는 대통령과 부통령을 각각 투표로 선출하게 되어 있었다. 이 선거에서 이승만 후보가 제4대 대통령에, 이기붕 후보가 부통령에 당선되었지만, 이는 대규모 부정 행위를 통한 것이었다. 무더기 기표 용지를 사전에 집어넣기도 하고, 기표 행위를 감시하는가 하면, 돈으로 표를 사기도 하였다. 이러한 부정행위에는 깡패들과 내무부 공무원들이 조직적으로 동원되었다. 부정 선거의 양상이 국민들에게 알려지자 잠복해 있던 불만이 폭발하여 대규모 시위가 벌어졌다. 선거 운동 당시부터 대구 등 주로 지방 도시에서 고등학교 학생들이 자유당과 경찰의 억압적인 행위에 항의하는 시위를 벌였다. 부정 선거에 대한 항의가 거세어지자 이승만은 이러한 시위가 공산주의자들의 사주에 의한 것이라는 담화문을 발표하여 불에 기름을 끼얹었다. 4월 18일에는 시위를 마치고 돌아가던 고려대학교 학생들을 정부가 사주한 깡패들이 무차별 구타하였다. 이에 격분한 학생과 시민들은 다음 날 거리로 쏟아져 나와 대통령의 거주지인 경무대를 향해 진격하였다. 경찰이 시위대에 총을 쏘아 대자 사태는 걷잡을 수 없게 되었다. 학생들뿐 아니라 교수들도 나서서 가두시위를 벌였다. 내각이 책임을 지고 물러났지만 국민들은 만족하지 않았고 시위는 날마다 계속되었다. 결국 이승만이 하야 성명을 발표함으로써 사태는 수습되었다.

1.

4·19의

성격과 쟁점들

|

그러면 4·19는 한국 정치사에서 어떤 의미를 지니고 있는 가? 우선 다 알다시피 시위는 학생들의 주도로 일어났다. 이를 계기로 학생 세력은 이후 30여 년 동안 한국의 민주화 투쟁에서 핵심 역할을 담당하게 된다. 대학생들이 4월 봉기의 주역으로 등장한 것은 당시 한국 사회의 구조적 특성 때문이었다. 1950년대의 대학 사회는 비교적 침체해 있었지만, 1950년대 후반 들어 동요하기 시작하였다. 대학생의 숫자가 많아지고 정치의식이 높아졌다. 1960년경 거의 10만 명에 육박한 대학생의 숫자는 여타 사회 세력이 성장, 조직화하지 못한 상황에서 대학생의 정치적 비중을 높여 주었다. 당시 대학은 자유, 평등, 인권, 민주주의 등 서구의 진보적 사상들을 한국에서 가장 선진적으로 받아들였다. 학생들은 기성세대의 무능과 부패에 불만을 품고 사회 정치 지도자들을 불신했으며, 자신을 민주주의 수호의 전위대로 자처하였다.

학생들의 항거에 대해 국가는 정책적 경직성과 무기력을 여지없이 드러내었다. 이승만과 자유당은 사태를 제대로 이해하지 못하였다. 그들은 학생들의 시위를 공산주의자의 사주에 의한 것이라고 선언하고 경찰력을 동원하여 폭력 진압에 나섰다. 그러나 경찰의 폭력 진압은 학생들의 분노를 고조시켰고 일반 시민들까지 가세하게 만들었다. 4월 11일 최루탄이 눈에 박힌 고등학생 김주열의 시체가 마산 앞바다에 떠오르자 시위가 대구와 마산 등 지방으로부터 서울로 확산되었다. 4월 18일 일어난 반공청년당원들의 고대생 습격 사건은 사태의 확대에 불을 붙인 또 하나의 촉매가 되었다. 경찰력은 시위 군중을 진압할 능력을 상실하게 되었다. 19일에 이르러 시위는 전국에서 대규모로 일어났다. 시위는 이제 부정 선거 규탄에 머무르지 않고 정권 퇴진을 요구하고 있었다. 소규모의 제한된 목표로 시작된 운동이 대규모의 전국적 정권 퇴진 운동으로 발전한 것이었다.

이러한 상황에서 군은 정부의 발포 요청을 거부하고 중립을 지켰다. 실제로 군이 시위대에 발포하고 진압에 나섰을 경우 민주화 운동은 실패하고 민간 사회는 국가의 탄압 아래 상당 기간 동안 침체하였을 가능성이 컸는데, 군은 그렇게 하지 않았다. 당시 군 장성들은 대체로 이승만에게 충성을 바치고 있었으나, 그 충성심이 위기 상황에서 목숨을 걸 정도의 것은 아니었다. 이승만과 고위 장교들의 관계는 서로의 필요에 의해 이루어진 후원-피후원 관계였다고 할 수 있다. 따라서 결정적인 위기가 왔을 때 군 지도자들은 정권과 정치로부터 거리를 유지하려고 하였다.[*] 더구나 나중에 살펴볼 것과 같이 당시 군부는 내부 분열의 몸살을 앓고 있었다. 이승만 정권에 대한 쿠데타 계획도 이미 나오고 있었다. 이런 상황들이 어우러져 군은 개입하지 않았다.

* 4월 11일 내무장관 홍진기가 군 병력 동원을 요청했을 때 국방장관 김정렬은 군이 민간 사태에 개입해서는 안 된다는 이유로 이를 거절하였다. 유엔군 사령관 매그루더도 같은 의견이었다.

　　이승만 정권의 붕괴에는 미국 정부도 상당한 역할을 담당하였다. 미국 정부는 부정 선거 파문이 일자 이에 대한 우려를 표명했으며, 상황이 대규모 대중 봉기로 발전하자 학생과 시민의 민주적 투쟁을 공개적으로 지지하였다. 4월 26일 매카너기 당시 주한 미국 대사가 이승만을 방문하여 그의 하야 결정에 영향을 미친 것으로 전해진다. 그러나 이러한 미국의 정책이 봉기의 성공에 얼마나 영향을 미쳤는가는 별개이다. 민주 봉기의 원인과 과정, 그리고 정권 붕괴라는 결과는 기본적으로 한국 내 정치 세력들 사이의 투쟁 결과로 보는 것이 옳다. 봉기는 국내 사회 세력들에 의해 자생적으로 촉발되었고 국가가 잘못 대응하여 격화되었다. 미국 정부는 이승만에게 압력을 가하거나 지지를 철회하는 방법으로 이 과정에 영향을 미쳤다. 미국의 개입이 저항 세력에 고무적인 힘으로 작용하였고, 집권 세력에 상당한 타격을 주었음은 짐작할 수 있지만, 그것이 결정적인 것은 아니었다. 당시 미국이 한국의 정치 과정에 미친 영향이 매우 컸던 것은 사실이지만, 4월봉기의 발생과 진행 과정은 외부의 힘보다는 일차적으로 국내 정치 세력들 간의 힘겨룸의 결과로 이루어진 것이었다.

　　4·19는 해방 이후 한국에 도입된 한국 민주주의가 이승만의 개인적 통치로 시들어 가던 현실에서 이를 되살릴 기회를 제공하였고, 더 나아가 한국 역사상 처음으로 국민의 힘으로 집권자를 교체한 매우 중요한 사건이다. 또 이러한 성공이 이후 독재 권력 앞에서 민주화 투쟁이 끊임없이 지속되게 한 중요한 정신적 원동력이었

고 역사적 교훈이자 정치적 토대가 되었다. 이런 점에서 4·19운동의 정치사적 의미는 지대하다고 하겠다. 그러나 이 운동은 동시에 중요한 한계를 지니고 있었다. 그것은 우선 기성세력이 아니라 학생이 주도하였다는 데서 근본적인 한계를 지녔다. 다른 각도에서 보자면, 당시 학생 이외에는 아무런 민간 세력도 이승만 정권을 타도할 힘을 가지지 못하였다는 의미이다. 그만큼 당시 한국의 정치, 사회적 성숙도가 낮았다는 말이다. 학생들이 이 정권이 무너진 뒤 이를 수습할 위치에 있지 못하였다는 것은 말할 필요조차 없었다. 이를 대체할 정치 세력은 지리멸렬하여 이 정권 붕괴 후의 권력 공백을 메우지도 거세어진 학생, 시민 세력들의 요구들을 제대로 수용하지도 못하였다. 이들은 이승만 후의 정치 과정을 주도하고 민주개혁을 이루며 동시에 드높아진 사회, 정치적 요구들을 수용할 수 있는 체계적인 계획이나 이념을 갖지 못하였다. 시위를 주도한 학생들 역시 정권 타도 이후의 새로운 정치 질서에 대해 아무런 계획이 없었다. 학생이라는 신분상 그럴 수밖에 없었다. 시위는 즉흥적이었고 돌발적이었고 비체계적, 비조직적이었다. 학생 세력의 목표는 처음에는 '학원 자유', '부패와 독재의 배격'이었다가, 3·15부정선거와 마산 사태를 계기로 '부정 선거 배격', '정권 퇴진' 등 더 정치적인 구호로 나아갔다.

　　4·19를 혁명으로 지칭하는 경우가 많기는 하지만, 그것은 혁명이었으면 좋았겠다는 희망을 반영한 것으로 보인다. 4·19 주도 세력은 이승만 하야 전이나 후나, 체제 전복과 신체제 건설을 위

한 사회 혁명 혹은 정치 혁명을 시도하지 않았다. 이를 뒷받침할 이념적 토대도 없었고 조직적 기반도 없었으며 지도 세력도 없었다. 혁명은 정치, 경제, 사회, 문화 어느 분야든 체제나 구조의 근본적인 또는 대규모의 변화를 의미한다. 이승만이 하야하고 헌법을 의원내각제로 고치고 민주당 정부가 들어섰다고 해서 그것을 혁명적인 변화라고 할 수는 없다. 자유당 인사들이나 민주당 인사들은 본질적으로 같은 보수적 정치인들이었다. 이승만 정부의 헌법도 민주 헌법이었다. 이승만이 그것이 규정한 자유민주주의의 절차를 제대로 지키지 않았을 뿐이었다. 4·19가 혁명이 아닌 민주 봉기였다고 해서 4·19의 역사적 의미가 감소하는 것은 아니다. 당시는 혁명이 불가능한 상황이었다. 그런 상황에서 시민들이 부패한 정권을 쓰러뜨린 일은 한국 역사상 길이 기억되어야 할 사건이다. 그것은 한민족 역사상 국민 대중이 통치 권력을 쓰러뜨린 최초의 사건으로 심대한 의미를 지니고 있으며, 그 뒤 계속된 민주화 운동의 정신적 바탕을 제공하였다.

2.
민주당 정부와
민주주의의 시련

|

이승만은 하야하고 하와이로 망명하였다. 그 뒤 국회에서 헌법을 의원내각제와 양원제로 고치고, 7·29총선을 통해 민주당 정

부가 탄생하게 되었다. 이로써 한국에 민주주의가 다시 꽃 피는 듯하였다. 그러나 민주당 정부의 민주화 시도는 단기간의 불행한 실험으로 끝나고 말았다. 민주당 정부는 자유민주주의의 이상에 충실하고자 보수, 혁신을 막론한 각 정치 세력들의 행동 자유를 최대한 보장하였다. 그러나 반공과 반북한의 한계는 분명히 지켰다. 당시 국가는 그 물적 토대와 보수적 이념 성향에서 이승만 정권 당시와 기본적으로 동일하였다. 그러나 동시에 국가의 민간 사회에 대한 통제력은 이전에 비해 현저히 떨어졌고 정책 수행 능력 또한 매우 취약하였다. 민주당이 시민들의 항거를 통해 어부지리로 정권을 얻었으며 사회적 혼란과 정책적 미궁 속에서 경찰과 관료의 효율성이 크게 떨어졌기 때문이었다. 민주당 정부는 자유당 정부 붕괴 뒤에 생긴 정치적 공백을 메우고 국민 대다수의 불만을 해소해 나갈 뚜렷한 정책, 이념이나 효율적인 지도력을 보이지 못하였다. 반면 민간 사회는 '혁명'을 주도한 사실 때문에 정부에 많은 것을 요구할 위치에 있었고, 실제로 혁명 과업을 신속히 이행하지 못하는 정부를 압박하였다. 국가는 민간 사회를 통제하지 못했을 뿐 아니라 가장 강력한 정치 세력으로 부상하고 있던 군부도 통제하지 못하였다. 한국 사회의 가장 강력한 두 정치 세력, 즉 학생과 군부는 민주당 정권을 창출하고 이를 파괴하였다.

국가의 취약성과 정치적 도전

허정 과도 내각을 거쳐 들어선 민주당 정부는 본질적으로 취약할 소지를 안고 있었다. 그것은 앞서 언급한 바와 같이 민주당이 이승만 정권 타도를 주도하지 못하였기 때문이었다. 더구나 민주당 정부에는 국민을 선도할 체계적인 이념도 없었고 유능한 정치 지도력도 없었다. 더구나 민주당 정부는 권위주의 정권에 대한 반작용으로 등장하였기 때문에 자유민주주의 원칙의 실현을 정치적 정통성의 근거로 삼을 수밖에 없었다. 그 결과 집회, 언론, 결사, 시위, 정당 결성 등 시민적, 정치적 권리에 대한 제한이 철폐되어 이들을 제어할 수단이 사라졌다. 정부는 부정 선거 및 부패 관련자의 처벌에 미온적이었다. 이에 분노한 학생들은 국회 의사당을 점거하고 격렬한 항의를 벌였다. 민주당 정부는 이에 굴복하여 비상 개헌으로 혁명재판소를 설치하였고, 국회는 이들의 처벌을 위한 소급 법률을 제정하기에 이르렀다. 이는 국가에 대한 사회 세력의 힘, 정부에 대한 학생의 힘을 여지없이 보여 준 상징적인 사건이었다. 정부는 적극적인 개혁을 주도하지 못하여 학생들의 불만을 샀고, 동시에 소급입법 제정을 통해 구질서 관련자들을 처벌하여 이들의 불만도 야기하였다.

　　민주당 정부가 들어선 후 일차적인 투쟁 목표를 상실한 학생들 중 대다수가 학원 생활로 돌아갔으나, 남은 소수는 통일 운동과 반외세 자주화 운동을 벌였다. 이들의 시위는 보통 200~300명이 참가하는 소규모의 것이었으나 큰 정치적 파문을 일으켰다. 특히 통일 운동이 그랬다.[*] 통일의 쟁점은 분단 한국에서 정치적 민주화의 목표를 일단 달성한 학생들에 의해 다음 단계의 운동 목표로 자연스럽게 설정되었다. 전국 대학들에서 결성된 민족통일연맹들이 선봉에

---

[*] 홍석률, 『통일 문제와 정치·사회적 갈등』(서울: 서울대학교 출판부, 2001) 참조.

섰다. 특히 1960년 11월 초에 결성된 서울대학교의 민족통일연맹은 창립 대회에서 공산당이 참여한 전 한국 보통선거를 주장하고 장면 총리가 미국과 소련을 방문하여 이 문제를 협의할 것을 주장하였다. 이 조직은 또한 이듬해 5월에는 남북학생회담을 제안하여 큰 파문을 일으켰다. 5 · 16 군부 쿠데타가 일어나기 불과 3일 전의 일이었다.

　　국가에 대한 민간 사회의 또 하나의 도전은 노동조합 운동에서 나왔다. 국가의 철저한 통제하에 있던 노동조합들은 4 · 19 이후 정치적 개방의 틈을 타서 활발한 운동을 전개하였다. 노동조합들의 수와 규모가 급속히 증가했고, 노동쟁의의 건수 역시 급증하였다. 그러나 이들은 거의 전적으로 임금 인상이나 노동 조건의 개선을 목표로 한 자연 발생적인 경제적 쟁의에 그쳤다. 정치적 의미를 지닌 노동 운동은 오히려 사무직 계층의 교원 노조에서 나왔다. 1960년 4월 대구에서 처음 조직되고 5월 서울로 확산된 교원 노조는 대한교육연합회_{대한교련}의 통제를 반대하고 학원의 정화와 더 나아가 정치적 개혁을 요구하고 나섰다. 그들은 처음에는 정부, 여당에 의한 학교의 정치적 이용, 학교 안의 부정부패, 직업 불안 등에 대한 불만에서 행동에 나섰으나, 이윽고 당시 진행되던 '2대 악법'에 대한 반대 투쟁과 남북학생회담 개최 지지 등 정치 행동으로 나섰다.* 정부는 교원 노조가 좌익 이념에 지배받고 있다고 믿었고, 따라서 합법성을 인정하지 않아 갈등이 고조되었다.

* 1961년 3월 정부는 '집회와 시위에 관한 법'과 '반공을 위한 특별법' 제정을 추진하였다. 이는 진보 세력의 저항을 야기하였음은 물론이고 보수적 정치인의 반발도 일으켜 시국에 큰 파란을 일으켰다. 정부는 심각한 저항에 부딪히자 이를 유보하였다.

정계에서는 혁신 세력들이 파장을 일으켰다. 7·29총선에서 혁신 세력 가운데 사회대중당이 4석, 한국사회당이 1석을 획득하였다. 여기서 보는 것처럼 국민들은 혁신 세력을 외면하였다. 혁신 정당들이 자금과 조직에서 열세였고 파벌들로 갈라져 있어서였기도 하였지만, 근본적으로 한국 국민들은 당시 혁신 세력의 정치 노선을 받아들일 준비가 되어 있지 않았다. 분단으로 싹트고 6·25전쟁으로 강화된 일반 국민의 보수·반공 의식은, 지금의 기준으로 보면 사실 그렇게 혁신적이지도 않았던 혁신 세력의 정치 이념을 받아들일 수 없었다. 당시 혁신 정당들은 계급 정당이기보다는 국민적 대중 정당의 성격을 띠고 있었고, 공식 노선도 자유당이나 민주당과 크게 다르지 않았다. 정치적 파문은 오히려 당 차원이 아니라 개인적 차원에서의 견해 표명들이 정부, 국회, 언론의 반발을 일으킴으로써 일어났다. 혁신 세력은 7·29총선에서 참패하자 급진 이념보다는 민족주의적인 대중 운동에 초점을 맞추었다. 따라서 그들은 한미 경제협정 반대와 2대 악법 반대 투쟁을 벌였으며, 통일 문제를 쟁점화하여 정치적 파문을 일으켰다. 학생과 혁신 정당들의 도전은 특히 1961년 2~3월에 고조되어 거의 매일 가두시위가 벌어졌다. 1961년 3월 18일 서울에서는 30여 개의 혁신 단체가 연합하여 2대 악법 제정을 반대하는 대규모 시위를 벌였고, 이후 시위는 마산, 부산, 광주, 전주 등 전국 주요 도시로 확산되었다. 5월에는 대학생들이 남북학생회담을 주장하는 시위를 벌였으며, 그 밖에도 각양 각종의 크고 작은 시위가 한국 사회를 휩쓸었다. 이러한 상황에서 군부 쿠데타의 풍문이 세간에 파다하여 정국이 뒤숭숭하게 되었다. 이른 바 4월 위기설이었다.

이러한 상황에서 보수 세력이 반격에 나섰다. 우익 청년 조직들과 재향군인회 등을 중심으로 우익 세력의 결속을 주장하는 시위가 벌어지고, 4월 2일 대구에서 혁신계와 우익계 사이에 대규모 충돌이 일어났다. 이러한 보수, 진보 사회 세력 간의 충돌과 쿠데타 풍문은 국민들의 불안을 자극하기에 충분하였다. 학생들과 혁신계 인사들은 이러한 위기를 인식하고 정치적 행동을 자제하기 시작하였다. 군부의 정치 개입의 움직임을 알아채고 그 빌미를 주지 않기 위해 행동을 자제한 것이다. 그러나 이미 때는 늦었다.

그러면 진보적 학생과 혁신 세력의 도전은 당시의 정국에서 어떤 정치적 의미를 가졌는가? 구체적으로, 그것은 민주당 정부의 존속에 얼마만큼 치명적인 영향을 주었는가? 쿠데타를 일으킨 후 주동자들은 장면 정부하의 용공 사상 대두를 '군사 혁명'의 첫 번째 원인으로 내세웠다. 또 그들은 혁명 공약의 첫 항을 "반공을 국시의 제일의로 삼는다"라고 규정하였다. 이것은 실제로야 어쨌든 혁신 세력의 도전과 이로 인한 정치적 혼란의 종식이 군사 쿠데타의 가장 큰 명분이 되었다는 사실을 의미한다. 쿠데타 주역들이 당시 상황을 용공 세력의 득세로 인한 위기 상황으로 인식하였을 가능성은 충분히 있다. 그러나 객관적으로 판단할 때, 당시는 여전히 보수 세력이 국가와 민간 사회의 지배자로 군림하고 있었다. 혁신 세력은 선거에서의 패배가 보여 준 바와 같이 국민의 지지를 거의 받지 못하였다. 그들의 시위도 정권 자체를 위협할 만한 수준이 되지 못하였다. 급진 학생들의 행동 또한 대다수 학생과는 유리되어 있었고, 정권에 대한 직접적 도전을 행사할 만큼의 힘을 가졌던 것으로는 보이지 않는다. 한마디로 당시의 정치 대결은 정권과 체제에 관한 이념 선택의 차원이 아니었다고 할 수 있다. 오히려 그것은 개혁의 방향과 속도를 둘러싼 정책 차원에서의 대결이었다. 쿠데타 세력의 주장과는 달리, 당시는 용공 사상의 대두로 인한 국가적 위기 상황이 아니었다. 오히려 더 큰 문제는 이러한 상황을 통제하지 못한 국가 자체의 취약성에 있었다.

민주당 정부가 4월봉기 이후 물려받은 과제는 정치, 사회적 민주화와 경제 발전이었다. 정부도 이러한 과제를 인식했고, 이를 달성하기 위해 노력하였다. 그러나 당시의 국가는 취약한 자율성과 정책 능력의 부재로 이 두 과제 가운데 아무것도 이루지 못하였다. 물론 10개월의 집권 기간이 구체적인 정치, 경제적 성과가 나타나기에는 너무 짧았던 것도 사실이었다. 그러나 민주당 정부는 근본적으로 정책 개발과 그 실천 능력이 부족하였다. 이는 오랫동안의 야당 생활 중 반독재 투쟁에 골몰함으로써 구체적인 정강 정책과 이를 실천할 조직과 이념의 기반을 갖추지 못한 탓이었다. 게다가 보수, 진보를 막론한 사회 세력의 도전과 불만 속에서 효율적인 정책 수행의 기반이 될 정치적 지지를 확보하는 데 실패하였다. 또 당의 내부 분열이 효과적인 정책의 입안과 집행을 불가능하게 만들었다. 한마디로 집권 10개월 동안 민주당 정부는 생존에 필요한 최소한의 정치적 지지 기반을 확보하는 데 전력을 기울여야 하였다. 정치와 경제 상황이 호전되지 않자 국민은 정부에 대해 점점 냉담한 자세를 취하게 되었다. 이런 상황에서 1961년 3월 초 발표한 야심적인 국토건설 사업은 민주당 정부가 내세운 유일한 개발 계획이었다. 이계획으로 국가는 치수, 도로, 토목 등 사회간접 자본의 확충을 꾀하였고, 더 나아가 이를 5개년에 걸친 경제개발 계획으로 확대할 예정이었다. 그러나 이 계획이 채 실행에 옮겨지기도 전에 쿠데타가 일어나고 말았다.

민주당 내분과 군부 통제의 실패

민주당은 이승만 정권에 대한 투쟁이라는 공동 목표를 가진 이질적인 보수 정치인들 사이의 느슨한 결합으로 이루어졌다. 따라서 이 정권 타도라는 공동의 목표가 사라지고 정치권력을 장악하게 되자 당내 권력 투쟁이 금방 표면화되었다. 민주당 파벌은 크게는 구파와 신파로 이루어져 있었다. 전통적인 사고방식과 행동 양태를 보이며 대체로 연상인 구파 인물들에 비해, 신파 인물들은 사회적인 변화에 더 민감했고 대내외 정책에서 덜 배타적인 입장을 취하였다. 구파 인물들이 권력 지향적인 전통적 정치가의 특징을 보였다면, 신파의 인물들은 상대적으로 관료적이고 정책 지향적이었다.

이 정권 당시 이미 양 파 간의 권력 투쟁은 표면화되었다. 특히 대통령 후보 경쟁을 둘러싼 장면과 조병옥의 경쟁에서 두드러졌는데, 1960년의 대통령 후보 지명 대회장에서는 폭력이 난무하기도

하였다. 그러나 본격적인 파벌 싸움은 이승만 하야 후에 나타났다. 7·29총선에서 신구파는 서로 자파 인물을 공천시키기 위해 치열한 싸움을 벌였다. 양측의 세력이 거의 대등한 가운데 구파가 약간 우세하게 나타난 총선 결과는 양 파 간의 파벌 투쟁을 더 심하게 만들었다. 어느 파가 궁극적인 정치권력을 장악할 것인가를 둘러싸고 본격적인 경쟁이 시작되었다. 국회 의석에서 약간 우세했던 구파는 대통령과 국무총리 자리를 다 차지하려 했고, 세 불리를 인정한 신파는 명목상의 지위인 대통령직을 포기하고 국무총리직을 확보하고자 하였다. 결국 신파의 전략이 적중하여 구파의 윤보선이 대통령, 신파의 장면이 실권을 가진 총리에 취임하였다. 이후의 내각 개편에서도 구파가 소외당하자, 마침내 구파 인사들은 12월 초 신민당을 결성하고 이탈한다.

그러나 민주당 내분은 여전히 정치적, 인적 결속을 이룰 수 없었다. 이제 민주당 내 새로운 파벌 싸움이 표면에 나섰다. 집권 전 기간에 걸쳐 민주당은 이권 쟁취를 위한 파벌 싸움에 휩싸였다. 특히 한때 민주당 의석의 거의 반에 육박했던 신풍회 소속의 소장 의원들은 권력 배분에서 소외된 데 불만을 품고 사사건건 민주당 정부를 비판하고 나섰다. 장면에게는 이러한 상황을 타개해 나갈 지도력이 없었다. 그의 성품은 정치적 격동기를 이끌어 나갈 결단성이나 강직성을 결여하고 있었다.[*] 한마디로 정치 '지도자'의 자질이 없었던 그는 재임 시 효율적이고 결단력 있는 정책 집행을 한 번도 하지 못하였다. 심지어 5·16쿠데타가 일어나자 미국 수도원으로 피신하

---

[*] 정윤재, 『정치 리더십과 한국 민주주의』(서울: 나남 출판, 2003).

여 이틀 동안이나 나타나지 않았다. 한 나라의 행정 수반으로서 있을 수 없는 일이었다. 그의 그러한 유약함과 무능은 민주당 정부 실패의 중요한 원인이 되었다.

그뿐 아니라 민주당 정부는 이 정권하에서 이미 동요하고 있던 군부를 통제하지 못하였다. 장면은 선거 공약으로 당시 60만이던 군의 규모를 10만 명 감축하겠다고 발표하여 군의 불만을 샀다. 그러나 이 계획은 한국 장성, 미군, 외국 외교관들의 반대에 봉착하여 실현될 수 없었다. 정부에 대한 군의 불만만 야기하고 정책 실현에 대한 신뢰를 실추시킨 일이었다. 이승만 정권 당시 군 장성들의 부패와 부조리에 불만을 품은 소장 장교들이 군 정화 운동을 벌였는데, 장면은 선거 운동 기간 동안 군 내 정화를 약속하였다. 그러나 실제로 소장 장교와 노장 장교들의 충돌이 발생하자 미봉책으로 일관하고 군 정화를 포기하였다. 민주당 정부는 실제로 소장 장교들의 불만 원인이었던 고위 장성들의 부정부패보다는 소장 장교들의 하극상 행동을 더 우려하였다. 정화 운동을 지지하여 소장 장교들의 신망을 받던 최경록을 해임하고 장도영을 육군 참모총장에 임명한 것도 실책이었다. 장도영은 군 내부의 존경을 받지 못했을 뿐 아니라 민주당 정부에 대한 충성심도 약하였다. 그는 군 내 부정행위 조사를 중단할 것을 명령하였다. 또 소장 장교들의 반란 가능성에 대해서도 모호한 태도를 취하였고, 쿠데타 가능성에 대한 보고를 여러 차례 받았으나 아무런 대책도 마련하지 않았다. 한편 1961년 봄부터 장면 총리는 십여 차례나 쿠데타 정보를 보고받고도 별다른 대응책을 세우지 않았다.

사실 정부가 효과적인 군 정책을 펼 수 있었다고 하더라도 군의 반란 행위를 막기는 어려웠을지 모른다. 군은 당시 한국의 각 사회 부문에서 조직적으로 가장 짜임새 있고, 무력으로 가장 강력했으며, 이념적으로 강력한 반공 의식을 소지하였고, 기술적으로 가장 진보한 집단이었다. 민간 정부의 효율적 지도력이 발휘되지 못하는 개발도상국에서 이런 속성을 지닌 군부가 정치에 개입하는 것은 당시 보편적인 현상이었다. 다만 그 개입의 동기가 어느 정도 약화되느냐 강화되느냐는 개별 정부의 효율성과 국민적 지지의 정도에 달려 있었다. 민주당 정부는 이 중 어느 것에서도 성공적이지 못하였기 때문에 군의 개입 동기를 강화시켰고, 그것이 행동으로 옮겨졌을 때 맥없이 무너지고 말았다.

군부 권위주의 정권의 탄생과 변모

　　민주당 정부의 혼란 속에서 군 장교들이 정변을 일으켜 정권을 장악하였다. 5·16쿠데타였다. 이로써 고려조의 무신 통치가 끝난 이후 우리나라에서 수백 년 동안 지속되었던 민간 우위의 정치 질서가 파괴되었고, 대한민국 정부 수립 뒤 파행을 거듭한 권력 구조가 강한 물질적 토대를 갖춘 권위주의 통치로 정착되게 되었다. 민간 사회에 대해 힘의 우위를 지켰으나 정책적으로 취약했던 국가는 강력한 군부 통치자의 등장과 기술 관료의 성장으로 자율성과 능력을 함께 갖춘 강성 국가로 변모하였다. 이 강성 국가는 경제 성장과 안보를 정치적 정당성의 원천으로 삼았다. 그 결과 한국 경제는 매우 빨리 성장했고, 민간 사회는 엄청난 변모를 경험하였다. 박정희가 지배한 군부 통치는 그가 사망할 때까지 18년 동안 지속되었다. 그동안 한국에서는 권위주의 독재와 민주주의 사이의 투쟁이 본격화되었고, 한국 사회는 본격적인 자본주의 발전과 그에 따른 다양한 문제를 겪게 되었다. 박정희 통치는 한국 현대사에서 무엇보다도 강력한 발자취를 남겼다.

1.

쿠데타와
정권 변화

|

쿠데타의 원인과 성격

쿠데타는 왜 일어났으며 어떻게 성공할 수 있었을까? 5·16 쿠데타가 발생한 원인을 알기 위해서는 먼저 당시 쿠데타 주도 세력들이 정권을 장악하면서 내세운 명분에 대해 검토해 볼 필요가 있다. 쿠데타 성공 후 작성된 『한국 군사 혁명사』193쪽에 따르면 그것은 "용공 사상의 대두, 경제적 위기, 고질화된 정치 풍토, 사회적 혼란과 국민 도의의 피폐, 그리고 한국군의 발전과 군사 혁명"으로 구성되어 있다. 그들은 군부가 '혁명'을 추진해야만 했던 이유로, "군부의 정치적 초연성, 군의 민주적 훈련, 군의 행정적·정치적 역량, 투철한 반공정신, 정의와 양심의 편에 선 군인의 청렴성 및 행동주의"를 들었다. 그런데 그들이 이러한 '혁명'의 정당성을 내세우는 것은 당연한 일이기 때문에, 여기서 우리가 주목해야 할 점은 그보다는 '혁명'의 요인으로 그들이 사회, 정치적 상황이라는 외적 요인과 군의 성장이라는 내적 요인의 결합을 내세웠다는 것이다. 덧붙여, 군인이 국가를 구원할 유일한 세력이라는 일종의 소명 의식을 그들의 주장에서 확연히 볼 수 있다.

군부의 정치 개입에는 사회, 정치적 요인과 군부 내적 요인 모두가 작용한다. 5·16쿠데타도 예외는 아니었다. 문제는 이들 다양한 요인이 서로 어떠한 관계를 가지고 모반 장교 집단에 행동 동기를 최종적으로 부여하였는가를 밝히는 일일 것이다. 덧붙여, 군부 정치의 동태적 국면을 이해하기 위해서는 동시에 쿠데타라는 단기적인 행동과 군부의 사회, 정치적 지배라는 장기적인 현상을 구별할 필요가 있다. 이들은 관련되지만 서로 다른 요인들이 결정한다. 앞의 것 설명에는 더 구체적이고 단기적인 행동 동기들이 중요해질 것이며, 뒤의 것 설명에는 더 장기적이면서 구조적인 요인들이 중요해질 것이다. 예를 들어 쿠데타를 주도한 소장 장교들이 가졌던 진급의 어려움에 대한 불만이 쿠데타라는 정치적 사건을 일으키는 데 구체적인 동기가 되었다고 하더라도, 이 요인이 이후 그들이 장기적인 지배 체제를 유지하게 된 데 대한 설명을 제시해 주지는 못한다. 거꾸로 사회 구조적인 요인들에만 주목하게 되면, 행위자들이 왜 특정한 시점에서 특정한 행동을 취하였는가에 대해 충분히 설명할 수 없게 된다.

　　이러한 점들을 염두에 두고 당시 상황을 살펴보자. 먼저 군부 내부의 문제를 보자면, 쿠데타 당시까지 진행되었던 군부의 성장이 군부가 5·16 이후 오랫동안 정치적 지배력을 행사하는 데 구조적 요인을 제공하였다. 군부는 6·25전쟁의 와중에서 급속히 팽창하여, 1950년 10만 규모에서 1956년 70만의 대군으로 변하였다. 1958년 10만이 감축되어 60만의 규모가 이후 유지되었으나, 이는 한국 사회에서 단일 집단으로는 가장 큰 규모였다. 그런데 이러한 양적 팽창보다도 정치적으로 더 큰 의미를 가진 것은 6·25전쟁 이후 군부가 보여 준 제도, 기술, 조직의 급속한 발전이었다. 미국의 막대한 군사 원조와 훈련 지도로 성장한 군부는 사실 1961년 당시 한국에서 가장 근대화되고 서구화된 집단으로 성장하였다. 이러한 상황이 자연히 군 장교들에게 민간 엘리트들에 대한 불신감을 조장하고 진정한 국가 발전을 담당할 세력은 자신들밖에 없다는 일종의 소명 의식을 부추겼다. 이런 사정은 당시 한국뿐 아니라 아시아, 아프리카의 신생국들에 보편적인 현상이기도 하였다.

이러한 구조적 요인들은 군 장교들의 구체적인 행동 동기를 통해 정치 개입으로 나타난다. 그런데 군의 정치적 행동 동기는 실제 당사자가 어떻게 인식하든 구국의 소명 의식만으로 이루어지는 것은 아니다. 오히려 그것은 더 많은 경우, 행동의 주체가 품고 있는 개인적, 파당적, 또는 군부 전체의 집단적 불만의 소산인 경우가 많다. 5·16 주체의 경우를 볼 때, 그들의 군 내부적 불만은 크게 두 가지로 이루어져 있었다. 하나는 상급 장교들의 부패와 이들에 대한 이승만의 정치적 이용에 대한 불만이었고, 다른 하나는 진급 기회의 소멸로 대표되는 직업적인 불만이었다. 둘 다 한국 군부의 뿌리 깊은 파벌주의와 연결되어 있었다. 이승만은 초기의 군 장성들과 후원-피후원의 관계를 맺고 특정 장성들에게 시혜를 제공하는 대신, 군을 부정 선거와 야당 탄압에 동원하는 등 개인 권력의 확대에 이용하였다. 이러한 사실이 군의 극심한 부패와 정치 개입을 초래하였으나, 이승만은 이를 오히려 정치적 통제의 수단으로 삼았다. 그러나 이것이 상급자와 하급자의 갈등을 일으켰고, 이러한 군 내 갈등은 장면 내각 수립 이후 하급자 주도의 정화 운동으로 본격화되었다. 하급 장교들은 군 정화 운동이 실패하고 사회, 정치적 혼란이 가중되자 이를 일거에 해결할 목적으로 쿠데타라는 직접적인 무력 행동을 감행하였다.

이런 군부 내적 상황과 더불어 건국 이후의 정치적, 사회적 파행이 청년 모반 집단에 또 다른 행동 동기를 부여하였다. 이승만 정권 말기에 이르러 군 내부의 불만과 사회, 정치적 혼란이 어우러져 박정희에 의한 쿠데타 계획이 이루어지고 있었다. 이승만 통치 말기와 장면 시기에 만연했던 사회, 정치적 혼란은 쿠데타 계획에 한 직접적인 촉매로 작용하였다. 이런 직접적인 행동 동기를 떠나 사회, 정치적 요인을 구조적인 측면에서 보자면, 그것은 한마디로 '수입 민주주의의 위기'라고 표현될 수 있는 것이었다. 이 정권 수립과 함께 도입된 서구식 자유민주주의는 들어오자마자 곧 타락해 버렸고, 장면 정부의 민주주의 부활 노력도 사회적 혼란만 일으켰다. 이러한 상황이 민주주의의 이상 그 자체를 부인하면서 강력한 국가와 효율적인 행정을 앞세운 군 장교들의 정치 개입과 장기 지배의 구조적 여건을 마련하였다. 이런 의미에서 5·16쿠데타는 건국 당시 도입되었던 서구적 자유민주주의의 실험이 여의치 않자 이를 거부하고 강력한 군부, 관료적 국가와 효율적인 경제 개발을 전면에 내세운 권위주의 세력이 당시까지의 복잡하였던 힘겨룸을 일단락 지은 사건으로 볼 수 있다.

이상의 논의를 요약해 보자. 한국의 정치에서 군부가 지배적인 역할을 담당하게 된 것은 수입 민주주의의 위기라는 사회, 정치적 상황과 민간 집단보다 군부가 먼저 발전한 군부 내적 조건에 근본적인 원인을 두고 있었다. 이러한 구조적 상황 속에서 군의 성장 및 파벌 갈등을 통해 청년 모반 집단이 형성되었고, 이들에게는 통치 의식이 무르익었다. 쿠데타라는 구체적인 행동 동기는 당시 일어났던 군 정화 운동의 실패와 사회, 정치적 혼란에 있었다. 구조 원인들이 존재하지 않았더라면 쿠데타가 일어나지 않았거나 일어났다고 하더라도 장기적인 군부 지배를 허용하지 않았을 것이다. 동기 원인들이 존재하지 않았더라면 1961년 당시 쿠데타가 일어나지 않았거나 일어났더라도 성공하지 못하였을 것이다. 다시 말해, 민주당 정부가 학생과 군부 등 폭발적인 세력들을 통제하고 정치적 안정을 이루었더라면 쿠데타가 일어나지 않았을 것이다. 그러나 당시 민주당 정부에 이를 기대하는 것도 사실은 무리였다. 이런 의미에서 군부 쿠데타가 1961년의 시점에서 일어나지 않았다고 하더라도 그 이전이나 이후의 가까운 시간에 일어났을 가능성은 매우 크다. 달리 표현하자면, 해방 이후 한국 정치사의 전개에서 민간 세력과 군부 세력의 대결, 또는 이와 반드시 일치하지는 않지만 민주 세력과 권위주의 독재 세력의 대결은 어차피 필연적이었던 것으로 보인다. 이러한 필연성에 대한 강조가 자칫 쿠데타를 정당화하는 말로 비칠 수 있다. 그러나 이 말은 정당화라기보다는 피할 수 없었다는 불가피성을 일컫는다. 대한민국은 역사의 한 단계로서 군부 쿠데타를 피할 수 없었다고 본다. 나빴든 좋았든 피할 수 없었다.

그러면 5·16쿠데타는 어떻게 하여 성공할 수 있었을까? 당시 쿠데타에 대한 국민의 저항도 없었고 쿠데타 진압군도 동원되지 못하였다. 현직 민간 정부는 쿠데타를 저지할 능력을 갖추지 못했을 뿐 아니라, 그렇게 할 뚜렷한 의지도 지니고 있지 못하였다. 일반 국민들도 쿠데타가 일어나자 적극적인 지지도 적극적인 반대도 없이 침묵하고 방관하였다. 적극적인 지지가 없었던 것은 민간 우위의 전통에서 군부의 집권이라는 것이 일반 국민들에게 생소하고 비정상적인 것으로 받아들여졌기 때문이었다. 그 반면 민주당 정부하에서의 정치적 혼란은 국민들로 하여금 어떠한 형태로든 변화가 오기를 희망하게 만들었다. 실제로 쿠데타가 일어나기 전 1961년 봄부터 이미 '4월 위기설'을 위시하여 쿠데타의 풍문이 나돌고 있었다. 따라서 정작 쿠데타가 일어났을 때 국민들은 일종의 체념 혹은 안도감? 을 느꼈는지 모른다. 국민들은 대체로 군의 개입을 필요한 조처로 받아들였으나, 이를 오직 일시적인 치유로만 간주하였다.

쿠데타에 대한 현직 민간 정부의 태도는 또 한 번 무능과 무책임을 여실히 나타내었다. 장면 총리는 5월 16일 새벽 쿠데타 발발 보고를 받고 미국 수녀원으로 피신하여 이틀 동안이나 모습을 나타내지 않았다. 어쩌면 이 사실이 쿠데타가 일어날 수밖에 없었던 상황을 웅변하는지도 모른다. 쿠데타와 반쿠데타의 숨 막히는 순간에 행정 수반이 잠적했다는 사실은 쿠데타군에 결정적으로 유리한 상황을 조성하였다. 쿠데타에 적극적으로 반대한 유일한 세력인 미국 측은 한국의 행정 수반을 찾지 못하여 적극적인 진압 행동에 나서지 못하였다. 윤보선 대통령은 쿠데타의 주역들이 방문했을 때 "올 것이 왔구나!"라는 탄식으로써 이를 인정하였다.[*] 국가적 혼란과 군부의 득세에 대한 일종의 체념과 장면에 대한 경쟁의식이 복잡하게 얽힌 발언으로 보인다.

    야전군, 즉 제1군 사령관 이한림은 모호한 태도로 일관하였다. 그는 쿠데타에는 반대하였으나 이를 저지할 적극적인 의지는 없었다. 또 야전군 부대 안에 뿌리박은 쿠데타 가담 장교들이 군 출동을 저지하는 데 큰 역할을 담당하였다. 여기에 윤보선 대통령이 군 출동 금지 친서를 보낸 것이 결정적인 작용을 하였다. 이한림은 모호한 태도로 일관하다 급기야 쿠데타 세력들에게 체포되고 말았다. 장도영 참모총장은 쿠데타 이전부터 모호하고 무책임한 태도로 일관하다가 쿠데타 세력의 추대에 응해 국가재건최고회의 초대 의장으로 취임하였으나, 이후 숙청되고 말았다. 미국 측은 처음에는 쿠데타를 반대하고 민간 정부를 지지하는 태도를 취하였다. 특히 매그루더 유엔군 사령관은 한미 합동 군사작전으로 쿠데타를 진압하자고 윤보선 대통령에게 강경하게 요구하기도 하였다. 당시 주한 미 대리대사인 그린도 쿠데타에 반대하고 민주당 정부를 지지하는 성명을 발표하였다. 그러나 주한 미국 관리들의 이러한 행동들은 워싱턴 당국의 훈령이 없는 상태에서 자신들의 독자적 판단에 따른 것이었다. 진압군 출동이 실패하고 쿠데타 세력이 실제로 권력을 장악하게 되자, 미국 정부는 쿠데타를 현실로 인정하면서 빠른 시일 내에 민정 이양을 이룰 것을 요구하고 나왔다.

---

[*] 이상우, 『비록 박정희 시대 (1)』(서울: 중원문화사, 1984), 105~106쪽. 당시 윤보선의 행동에 대해서는 98~125쪽 참조.

정권의 변화: 직접 통치에서 유사 민간 통치로

권력을 장악한 후 쿠데타 주역들은 정치적 중재자 역할에 만족하여 곧 군문으로 복귀하지도 않았고, 그렇다고 군부의 장기적인 직접 통치를 시도하지도 않았다. 왜 그랬을까? 그 이유는 당시 한국의 군부와 일반 사회가 당면하였던 구조적 특성에 있었다. 우선, 쿠데타 주역들이 '혁명 공약'을 어기고 곧 군문으로 복귀하지 않은 것은 특히 군 내 힘겨룸의 승자가 된 소장파 장교들이 군인만이 나라를 구할 수 있다는 통치 의식에 젖어 있었기 때문이었다. 그러나 민간 우위의 정치 문화 유산이 국민에게 팽배한 상황에서 군이 장기적인 직접 통치를 시도하기에는 자신감이 약하였던 것으로 보인다. 이러한 이중적인 상황 때문에 자신들이 군복을 입은 채로 직접 통치를 담당하지도 않고 그렇다고 또 바로 군문으로 복귀하지도 않는 어중간한 자세를 취하게 되었다. 민정 이양을 하되 기존 정치인들에게 나라를 맡기는 것이 아니라 자기들이 민간인으로 변신하여 정권을 잡는 길을 택한 것이다.

어찌되었든 군이 직접 통치를 연장하지 않고 민정 이양을 한 것은 한국 민주주의 역사에서 상당한 의미를 지닌다. 민정 이양이 문자 그대로의 민정 이양이 아니라 쿠데타 주역들의 통치가 연장된 것이기는 하였으나, 어쨌든 민간 외양의 정당 정치가 재개되었다는 사실은 한국 민주주의가 쿠데타 때문에 바로 압살되지 않고 상당 기간 존속하게 해주었다. 그 결과 한국의 정치인과 국민 일반이 민주주의의 경험을 더 쌓을 수 있었고, 제도 발전의 기회도 가질 수 있었으며, 더 중요하게 민주주의의 명분이 녹슬지 않게 되었다. 제한되었으나마 민주 과정과 언론 자유가 한동안 살아 있었다는 사실이 그 뒤 한국 민주주의의 부활에 중요한 기억과 명분으로 작용하였던 것이다.

군은 우여곡절을 겪은 끝에 마침내 1963년 12월 민정 이양을 하게 된다. 이 기간은 쿠데타 주역이 기존의 권력을 해체하고 자신의 권력을 수립하기 위한 진통의 시기였다. 쿠데타 주역은 국가재건최고회의를 창설하고 중앙정보부중정를 만들어 행정과 통제의 수단으로 삼았으며, 기존 정치인들을 체포, 구금하고 정당과 사회단체들을 해산하였다. 쿠데타 주역들이 군부의 잠재적인 도전을 제거한 가장 대표적인 일은 국가재건최고회의 초대 의장으로 추대되었던 장도영을 제거한 것이었다. 군 통치의 제도적 기반은 국가재건최고회의와 중앙정보부, 그리고 내각으로 구성되어 있었다. 최고회의와 내각은 쿠데타에 영입된 장군급 장교들이 포진하여 행정과 경영의 업무를 주로 담당하였다. 권력의 실체는 중정을 장악한 육사 8기생들에게 있었다. 쿠데타 주역들은 군의 정치적 역할에 대해 서로 다른 견해를 지니고 있었다. 상급 장교들이 직업적, 행정적 정향을 가지고 있었던 반면, 하급 장교들은 권력 엘리트의 정향을 지니고 있었다. 이러한 역할 인식의 차이는 파벌 다툼의 중요한 요인이 되었다. 박정희는 심화된 군 내 권력 투쟁과 혁명 공약의 불이행에 실망하여 1962년 2월 18일 민정에 참여하지 않겠다고 선언하였다. 그러나 곧 젊은 장교들의 강경한 반대에 봉착하자 오히려 4년간의 군정 연장 선언으로 이를 번복하였다.

군의 정치적 역할에 대한 인식보다 군 내 파벌 투쟁의 더 큰 원인이 된 것은 정치권력을 궁극적으로 누가 장악하느냐에 관한 것이었다. 이는 무엇보다 쿠데타를 처음부터 계획하고 주도한 김종필과 이에 대항한 세력 사이의 권력 투쟁으로 나타났다. 직접 통치 기간 중 김종필이 일단 승리한 것으로 보였으나, 권력 투쟁은 제3공화국 내내 지속되었다. 김종필 권력의 토대는 군의 헌병대 조직을 이용해 그가 만든 중앙정보부에 있었다. 이 기구를 이용하여 그는 군 안팎의 반대 세력을 감시하고 숙청할 수 있었다. 이러한 권력 투쟁의 와중에서 궁극적인 승리자로 부상한 사람은 박정희였다. 박정희는 쿠데타의 실세인 소장 장교들의 지주 노릇을 하였으나, 이들과 박정희 사이의 권력 관계가 처음부터 명확하지는 않았다. 박정희가 장도영같이 얼굴만의 지도자일 가능성은 처음부터 없었지만, 그렇다고 그의 정치적 위치가 처음부터 확고하였던 것은 아니었다. 따라서 권력 투쟁의 와중에서 박정희가 육사 8기생들에 대한 통제력을 확보하지 못하였을 수도 있었다. 그러나 상황은 그 반대로 전개되었다. 여기에는 군 내부의 알력을 잘 이용한 그의 정치적 수완이 큰 역할을 담당하였다. 박정희는 처음 그에게 직접 도전한 장도영의 쿠데타 기도를 분쇄함으로써 쿠데타 주역들의 권력을 확보하였고, 이후 그를 정점으로 한 권력 구조에서 일어난 권력 투쟁을 효율적으로 조정함으로써 자신의 권력 기반을 다졌다.

이런 상황에서 박정희는 1963년 3월 군정 연장 계획을 발표한다. 이는 국내외의 즉각적인 반대에 부딪혔다. 민간 정치인들이 크게 반발한 것은 물론이고, 학생들도 조속한 민정 이양을 요구하는 가두시위를 벌였다. 미국의 케네디 대통령은 박정희에게 강한 항의 문을 전달했고, 군사 정부가 요청한 2,500만 달러의 경제 원조를 거부하였다. 그 결과 박정희는 4월 총선 계획을 재확인하였다. 그리하여 1963년 10월의 대통령 선거와 다음 달의 국회의원 선거를 통해 '민정 이양'이 이루어지게 되었다. 이른바 제3공화국의 탄생이었다.

그러나 이 민정 이양은 말 그대로의 민정 이양은 아니었다. 쿠데타 주역들, 특히 그동안의 권력 투쟁에서 승리한 박정희와 김종필 세력이 민간인 옷으로 갈아입고 선거를 통해 정치권력을 장악하였다. 이런 의미에서 군사 정권의 성격은 여전히 지속되었다. 다만 그것은 민간 정치의 겉모습을 정치적 정당성의 재료로, 그리고 통치의 제도적 기반으로 이용하고 있었다. 선거 또한 공정한 것이 되지 못하였다. 중앙정보부와 민주공화당 공화당. 김종필이 민정 이양의 제도적 수단으로 1963년 창당 조직들이 사회, 정치적 통제력을 확보한 가운데 정치활동정화법으로 묶인 구정치인들은 총선을 불과 몇 달 앞둔 때에 겨우 정치 활동을 재개할 수 있었다. 막대한 정치 자금을 확보한 공화당과 빈약한 야권의 정치 자금 또한 비교될 수 없었다. 반대 세력의 정치 활동이 묶인 가운데 창설된 공화당의 전국적인 조직 기반과 여전히 분열과 정치적 탄압 속을 헤매던 야당들의 조직력 또한 비교될 수 없었다.

2.

통치의 기반

|

민정 이양을 통해 수립된 박정희 정권은 두 가지 의미에서 '유사 민간' 정권이라고 불릴 수 있었다. 하나는 주요 정책의 입안 과 집행이 군부와 민간인 사이의 일종의 연립에 의해 이루어졌다는 점이었으며, 다른 하나는 권력의 핵심이 군인 정치가들이 장악한 행정부에 있었지만 정치 과정이 적어도 표면상으로는 민간 정당 정치의 형태를 띠고 있었다는 점이었다.

쿠데타 집권 세력은 흔히 자신에게 부족한 정치적 정당성과 행정, 기술상의 전문성을 보충하기 위해 민간 지식인, 전문가들을 폭넓게 기용한다. 한국의 경우도 마찬가지였다. 이러한 민군 연립 체제 속에서 정치권력의 실체를 장악한 것은 당연히 대통령을 정점으로 한 군부 출신의 정치인들이었다. 중앙정보부와 군부는 이 유사 민간화된 군사 정권의 중요한 통치 기반이었다. 중앙정보부는 당, 국가 기구, 민간 사회의 전역에 걸쳐 사찰 업무를 수행하고 불법 납치와 고문을 일삼아 공포 정치의 핵심으로 떠올랐다. 그뿐 아니라 이 시기의 중요한 모든 국가 정책이 이를 중심으로 이루어졌다. 한일회담을 당시 중정 부장이던 김종필이 비밀리에 추진하였으며, 1971년의 남북대화 역시 당시 중정 부장이던 이후락을 중심으로 이루어졌다. 당시 국무총리이던 김종필은 이 과정에서 철저히 배제되었다. 군부는 또 하나의 통치 기반을 구성하였다. 쿠데타 이후 군부는 정치권력의 원천이었고, 대통령은 이를 위기 시마다 활용하였다. 이러한 현실이 1964년 6·3사태에서의 군 동원, 1971년의 위수령 발동과 국가비상사태 선언, 그리고 이듬해의 유신 선포에서 적나라하게 드러났다. 그러나 군은 대통령에게서 독립된 독자적인 정치 세력을 이루지 못하였다. 박정희는 통치의 전 기간에 걸쳐 군을 효율적으로 장악하였다.

그러나 박 정권이 억압 기구들에만 통치를 의존한 것은 아니었다. 박정희는 쿠데타 당시부터 반공과 경제 성장을 통치의 명분으로 분명히 내세웠다. 그는 민주당 정부하에서 분출했던 것과 같은 통일 논의를 허용하지 않을 것을 분명히 하였다. 그는 남한의 경제 상황이 북한보다 우월하게 될 때까지 적화 통일을 용이하게 할 통일 논의를 해서는 안 된다고 믿었다. 이는 1970년대로 넘어올 때까지 남한의 전반적인 국력이 북한에 미치지 못한 사실을 반영한 것이다. 반공 논리는 박정희가 반대 세력을 억압하는 중요한 이념으로 자리 잡았을 뿐 아니라 상당한 국민적 지지의 기반이 되기도 하였다.

경제 성장은 제3공화국 당시 박정희가 내세운 최대의 정치적 명분이었다. 동시에 이는 그가 지녔던 국가 건설과 발전에 대한 청사진을 반영한 것이었다. 그는 이승만과는 달리 경제 발전을 통한 국부의 축적과 국력 신장이라는 분명한 목표를 가지고 있었다. 박정희 정부가 추진한 경제개발 5개년 계획들 덕분에 한국 경제는 급속하게 성장하였다. 한국은 세계에서 유례없는 경제적 성공 사례가 되었다. 이에 대한 박정희의 공로를 인정해야 한다. 박정희를 비판하는 쪽에서는 한국의 경제적 업적이 박정희가 아니라 국민 전체가 이룬 것이며 그가 아니었더라도 고도성장이 가능하였을 것이라고 주장한다. 그러나 이런 주장은 검증되지 않은 것이다. 그랬을 수도 있고 안 그랬을 수도 있다. 국민 전체가 이룬 경제 성장임은 분명하지만, 박정희와 그 정부가 경제 계획을 입안하고 투자 분야를 결정짓고 재벌을 만들었으며 수출 산업을 주도하였다는 사실 또한 분명하다. 어떤 사람이 이룬 것에 대해 다른 사람이었더라도 하였을 것이라는 이유로 그것을 인정하지 않는 것은 논리적으로 잘못되었다. 어쨌든 이룬 것은 이룬 것이기 때문이다. 같은 논리를 반대 현상에 적용할 수도 있다. 예컨대 당시는 한국이 민주주의를 제대로 할 기반이 갖추어지지 않았고 군이 팽창했으므로 박정희 아니라도 누군가 쿠데타를 일으켰을 것이고 군사 독재를 하였을 것이라고 말할 수 있다. 그러나 그렇다고 해서 그들이 저지른 독재와 인권 탄압에 대해 잘못을 묻지 못할 바는 아니다. 잘한 일이든 못한 일이든, 다른 누군가라도 하였을 것이라는 평계로 그 일의 책임을 묻지 않거나 공로를 인정하지 않을 수는 없다.

'조국 근대화'의 기치는 박정희의 대표적인 통치 명분이었고 통치 기반이었다. 그러한 명분의 추구가 적어도 1960년대에는 상당한 효과를 지닐 수 있었다. 그러나 이러한 상황은 오래 지속될 수 없었다. 1970년대 들어서면서 그동안 취해 온 국가의 성장 위주 정책과 그것이 잉태한 계급 간, 지역 간 불평등의 심화, 급속하고 불안정한 인구 이동으로 인한 도시의 소요, 경제 성장 자체의 한계 등이 국제적 경기 침체로 증폭되어 정부에 대한 국민의 불만을 심화시켰다. 이제 더 이상 경제 성장이 정치적 정당성의 원천이지만은 않다는 사실이 현실로 나타났다. 그 결과 정권에 대한 도전이 심각하게 나타나기 시작하였다.

3.
정치적 저항과
국가의 진압

군사 정권의 권력 확장에 비해 정치적 반대 세력의 저항은 1970년대 초반까지 비효율적이었다. 전통적으로 분열되었던 야당 세력은 군정의 정치 활동 금지와 민정 이양 이후의 탄압 속에서 여전히 단결된 힘을 발휘하지 못하였다. 야당은 1965년 체결된 정부의 한일 국교 정상화 추진을 굴욕 외교라 하여 격렬하게 반대했으나, 모든 수단과 방법을 동원하여 이를 관철하려 한 정부의 의지를 꺾지 못하였다. 근본적으로 야당 세력은 이를 대체할 수 있는 국가 발전의 대안을 내놓지 못하였다. 야당들은 1967년 대통령 선거에서의 참패에서 나타난 것처럼 국민의 지지를 얻지 못했고 박정희의 권력 확장을 견제하지 못하였다. 그러나 이후 야당의 통합과 세대교체를 통해 새로운 국면이 전개되기 시작하였다. 1971년의 대통령 선거가 전환점이었다.

권력 집중과 권위주의화에 대한 도전은 여전히 저항 세력의 핵심을 이루고 있던 학생에게서 나왔다. 정부에 대한 학생들의 도전은 한일회담 반대 투쟁에서 절정에 달했고, 이후 1969년의 3선 개헌 반대 투쟁과 1970년대 초의 반정부 활동으로 꾸준히 성장하였다. 흔히 '6·3사태'로 불리는 1964년의 한일회담 반대 시위는 제3공화국 최초의 대규모 정치 위기였다. 한일회담 반대 시위는 한국의 경제가 일본에 예속될 것을 우려한 학생들의 민족주의적 저항 의식의 발로였다. 학생들의 저항은 격렬하고 대규모여서 내각이 사퇴하고 회담을 주도한 김종필이 공화당 의장직을 사퇴하고 두 번째 외유를 떠나는 사태가 발생하였다. 그러나 정부는 서울 일원에 비상계엄을 선포하는 등 초강경 정책으로 맞섰다. 이듬해 정부는 야당과 사회 세력의 도전이 재개된 가운데 한일협정에 정식 조인하고 국회는 날치기 통과를 통해 이를 비준해 버리고 말았다. 이렇게 졸속하게 통과된 한일협정의 결과 지금도 많은 문제점이 양국 관계에 긴장을 불러오고 국내 정치의 쟁점이 되고 있다. 독도 영유권 문제라든가 일본군 위안부에 대한 사과와 배상 문제, 징용자들에 대한 배상 문제들이 해결되지 않고 있다. 한일 국교 정상화는 경제 개발 자금이 필요하였던 한국 정부와 과거사를 빨리 매듭짓고 싶은 일본 정부의 의지, 그리고 한일 간 관계 정상화를 통해 동북아에서의 세력권 안정을 꾀한 미국 정부의 종용 등이 복합되어 이루어졌다. 그 과정에서 따져 보아야 할 중요한 문제들이 상정되기는커녕 제대로 인식조차 되지 않았고, 우리가 지급받은 9억 달러의 청구권 자금도 턱없이 적은 것이어서, 지금껏 논란의 대상이 되고 있다.

이후 일어난, 베트남 파병을 둘러싸고 일어난 공방에서도 사정은 덜 폭발적이었지만 마찬가지였다. 야당과 학생, 지식인의 반대, 위수령 발동을 통한 군의 개입, 야당의 국회 출석 거부, 여당의 날치기 통과 등등 낯익은 과정을 통해 국군의 베트남 파병은 결정되었고, 이후 그 쟁점은 묻혀 버렸다. 베트남 파병의 결과 한국은 경제적 이익과 미국의 군사 원조 강화라는 이득을 보았지만, 불의한 침략 전쟁에 용병 비슷하게 팔려 간 것과 베트남 민간인 학살 등 범죄적 행동들이 한국이라는 나라의 도덕성을 떨어뜨렸다. 무엇보다 정의롭지 못한 국가 이익을 위해 수많은 청년의 목숨을 희생시킨 것은 도덕적이지 못한 일이었다.

요컨대 제3공화국 말기에 이르기까지 야당과 사회 세력의 국가에 대한 도전은 그다지 효과적이지 못하였다. 그 까닭은 근본적으로 양자가 가진 힘의 차이에 있었다. 국가는 압도적인 무력을 갖추었을 뿐 아니라 그 행사에서 신속하고 단호하였다. 분명한 정책 방향의 추진이 단호한 의지를 통한 힘의 행사로 뒷받침되어 반대 세력의 저항을 압도하였다. 야당은 분열되었고 분명한 대안을 제시하지 못했으며, 학생들의 저항 운동은 뚜렷한 조직과 이념을 결여하여 국가의 강제력 앞에서 무력하였다. 일반 국민들도 정치를 파국으로 이끌면서까지 반정권 운동에 가담할 것을 원하였던 것으로 보이지는 않는다. 이러한 상황이 국가의 사회 세력에 대한 통제를 쉽게 만들었고, 이는 박정희 개인 권력의 확장으로 이어졌다.

4.

권력의 개인화와
일인 지배 체제

|

민주공화당은 군부 지배의 제도적 기반과 통치의 정당성을 마련하기 위해 창설되었으나, 창설 과정에서부터 박정희 대통령의 지배 아래 놓였다. 더구나 급속한 조국 근대화, 즉 경제 성장을 정치적 정당성과 권력의 중요한 물적 기반으로 간주한 박 대통령은 이를 추진하기 위해 기술 관료에 크게 의존하였고, 또 이를 위해 정치적 고려보다는 행정의 효율성을 앞세웠다. 당시 적극적으로 추진되었던 경제개발 계획은 전문 관료들의 역할을 자연히 증대시켰다. 당시 내각은 당을 제치고 정책 결정과 집행의 실세로 부상하였다.

당의 약화와 관료의 역할 증대는 궁극적으로 대통령 자신의 권력 강화를 뜻하였다. 박정희도 이승만과 비슷한 일인 지배 체제를 형성한 것이었다. 이승만과는 달리 박정희는 카리스마적 호소력이 약하였고 권력 기반이 처음부터 확고한 것도 아니었다. 그러나 그에게는 다양한 경쟁자와 도전자들 속에서 권력의 균형을 자신에게 유리한 방향으로 전개시킬 능력이 있었다. 그는 군의 도전 가능성을 쿠데타 초기에 뿌리 뽑았으며, 정당 정치를 처음부터 자신의 권력 확대에 이용할 줄 알았다. 그는 일단 정치권력을 잡은 후 독자 세력의 성장을 용인하지 않았고 잠재적인 도전 세력의 부상 가능성을 처음부터 제거하였다. 가장 대표적인 경우가 잠재적 경쟁자의 선두에 있던 김종필에 대한 견제였다. 박정희는 당 안에서 김종필파가 다수를 차지하자 이를 견제하기 위해 이후락과 김형욱을 각각 대통령 비서실장과 중앙정보부장으로 활용하였다. 또 당 안에도 김종필에 대한 견제로서 소위 4인방_{김성곤, 길재호, 김진만, 백남억}을 키워 김종필을 견제하게 하였다. 이들은 3선 개헌 추진의 주역을 담당하여 김종필의 도전을 꺾어 놓았다. 그러나 박정희는 이후 일어난 소위 항명 파동을 계기로 이 4인방 또한 숙청하고 말았다. 마찬가지로 3선 개헌에서 김종필파가 양보하는 대가로 이후락과 김형욱을 각각의 자리에서 해임하였다. 그런 고전적인 분할 지배 방법을 통해 박정희는 잠재적인 도전 세력을 모두 제거하고 1970년대에 들어설 무렵 권력의 개인 집중을 거의 완결시켰다.

1967년의 대통령 선거와 국회의원 선거에서 공화당은 압도적인 승리를 거두었다. 4년 전의 상황과는 매우 달랐다. 이러한 결과는 그동안 정부가 추진한 경제 성장의 과실에 대한 국민 지지의 표시로 이해할 수 있다. 정치적으로도 한일협정의 폭발적인 쟁점이 사라진 뒤 박 정권에 대한 심각한 도전은 존재하지 않는 상황이었다. 말하자면 1967년은 한일회담을 둘러싼 정치적 위기를 극복하고 난 뒤 박 정권의 권력이 안정기에 접어든 시기였다.

그런데 총선 이후 대권 계승을 둘러싸고 정치적 위기가 다시 일어났다. 당시 제2인자였던 김종필은 박정희 이후의 대권을 꿈꾸었으나, 박정희 자신의 집권 연장욕 앞에서 꺾일 수밖에 없었다. 한번 연임만을 허용한 기존 헌법으로는 권력을 연장할 수 없었기 때문에 박정희는 이른바 '3선 개헌' 작업에 착수하고, 이에 반대하는 여야 인사들을 탄압하고 나섰다. 이승만의 경우와 마찬가지였다. 공화당 안에서는 앞서 본 바와 같이 김종필파와 반김종필파가 대립하고 있었다. 박정희는 김종필을 당 의장직에서 축출하고 당적마저 포기하게 만들었다. 이로써 박정희는 3선 개헌 의지를 관철시킬 수 있었다.

당시까지 파벌 싸움에 휩싸여 정권에 대한 아무런 유효한 견제를 하지 못하고 있던 야당 세력도 1967년 총선을 앞두고 오래간만에 통일된 모습을 보여 주었다. 쿠데타로 해산되었던 야당 정치인들은 이합집산을 거듭하다 1967년 2월 유진오를 당수로 하고 윤보선을 대통령 후보로 한 신민당으로 통합하였다. 1971년 대통령 선거를 앞두고 신민당은 세대교체를 이루면서 정부에 대해 강력한 도전을 행사하기 시작하였다. 김대중은 이후 수십 년에 걸쳐 정치적 경쟁자가 된 김영삼을 누르고 대통령 후보 자리를 따내어, 선풍적인 열풍을 일으키면서 선거 유세에 돌입하였다. 그의 민중주의적 호소력은 전통적인 야당 지지 기반인 도시 지역을 강타하였다. 대선에서 박정희가 다시 당선되었으나 선거가 부정으로 얼룩졌다는 의혹은 사라지지 않았다.

정부가 야당의 강력한 도전에 봉착해 있을 때, 국내외의 정치, 경제적 상황 또한 정부에 어려운 시련을 안겨 주고 있었다. 미국과 중국이 손을 잡아 세계의 냉전 구조가 바야흐로 깨지려는 찰나에 있었다. 1969년 미국의 닉슨 대통령은 괌에서 아시아의 방위는 우선 아시아 사람들 스스로 맡게 하겠다는 선언이른바 닉슨 독트린을 하였다. 그 일환으로 주한 미군이 감축되어 한국 정부를 긴장시켰다. 설상가상으로 중동 산유국들이 석유 생산을 대폭 줄여 전 세계적인 석유 파동이 일었고, 석유를 전량 수입에 의존하던 한국의 경제를 위기로 몰아넣었다. 국내에서는 무리한 경제 성장 일변도 정책이 낳은 모순들이 석유 위기로 인한 경제난에 즈음하여 폭발하고 있었다. 경제 성장에서 소외되고 10년 동안의 권위주의 통치에 식상한 국민들의 불만이 고조되고 있었다. 이런 상황에 위기의식을 느낀 집권자는 1971년 8월 15일 남북 대화를 제의하여 국제적 긴장 완화에 적응하려 했고, 같은 해 12월 6일 국가비상사태를 선포하여 정치적 통제를 굳히려 하였다. 사회적 소요가 어느 정도 가라앉고 남북 대화가 진행되고 있던 이듬해 10월, 박정희는 유신 헌법을 선포하여 한국 역사상 가장 체계적으로 탄압적인 통치로써 권력을 유지하고자 하였다.

제 5 장

유신 체제의 탄생과 소멸

유신 체제는 대한민국 역사상 가장 탄압적인 정치 체제였다. 정치적 자유가 말살되다시피 하였고, 일인 장기 집권 체제가 보장되었으며, 대통령에 대한 비판이 금지되는 것은 물론이고, 심지어 헌법 자체에 대한 언급조차 금기 사항이 되었다. 국민들은 각종 권리를 억압받았고 정치 과정은 질식하였다. 집권자는 이를 통일 여건의 조성을 위한 효율적인 체제이며 한국적인 민주주의를 위한 것이라고 정당화하였다.

1.
유신 체제 탄생의
원인

|

유신 체제의 탄생 원인에 대해서는 여러 가지의 설명이 존재한다. 하나는 자본주의 산업화의 위기에서 그 원인을 찾는 경제적 설명이다. 이는 산업화 과정에서 노동 계급 등 민중 부문의 도전이 거세어지자 이를 억압하기 위해 탄압적인 정권이 들어섰다는 가설이다. 그러나 이는 민중 부문의 힘이 매우 취약하였던 당시의 한국 상황을 경시한 가설이다. 1970년대 초반의 한국 경제는 확실히 어려운 상황에 있었다. 제1차 석유 파동의 여파가 한국 경제를 강타하였고, 무리한 경제 성장의 부작용이 현저해졌고, 사회는 상당한 소요를 겪었다. 1970년 11월의 전태일 자살을 계기로 노동 소요가 심해졌고, 이에 학생과 종교, 민권 운동가들이 가세함으로써 민주화

운동과 노동 운동이 결합되는 양상이 나타나기 시작하였다. 이러한 상황에서 정부는 10월 15일 서울에 위수령을 발동하여 주요 대학들을 장악하고, 12월 6일에는 국가비상사태를 선포하여 저항을 묵살하였다. 당시의 항의와 시위 사태들은 지난 10년 동안의 정부 치적의 그늘에 대한 국민의 불만이 처음으로 본격적으로 터져 나온 것이었다. 그러나 이러한 정치, 사회적 저항이 집권 세력에 얼마나 큰 위협이 되었는지는 의문이다. 그들의 저항은 조직되지 못하였고 산발적이었다. 노동 계급과 중간 계급의 요구는 순수히 경제적인 것이었고, 철거민의 집단행동도 생존권 확보를 위한 것이었다. 물론 이전에 비해 계급 갈등의 요인이 증가하였지만, 여전히 정치적 갈등의 핵심은 권위주의와 민주화를 둘러싼 정치적 힘겨룸이 일차적이었다. 더욱이 유신 체제 선포는 기존의 정권을 쓰러뜨린 계급 투쟁의 결과가 아니라 기존의 집권 세력이 권력을 강화한 제도적 변화였다. 박정희는 당시까지의 경제적 성과와 정치적 통제에 힘입고 국제 정세 변화의 불안감 속에서 통일과 남북 대화를 명분으로 사회 세력의 도전을 기회로 유신 헌법을 선포하였다.

국제 정세의 변화에 따른 안보 위기는 집권 세력이 내세운 유신 선포의 공식적 이유였고, 남북 대화와 통일의 추진은 그 정치적 명분이었다. 실제로 북한 정부는 1960년대 후반 들어 한국에 도발을 감행하였다. 1968년 1월 박정희의 목숨을 노린 특수 부대가 청와대 근처까지 침투하였다가 격퇴되었다. 홀로 생포되어 유명해진 김신조가 그 일원이다. 11월에는 울진, 삼척 지구에 대규모 무장

공비가 침투하여 사회 혼란을 기도하였다. 같은 해 1월 미 정보함 푸에블로호가 납북되었고, 1969년 4월에는 미 정찰기 EC-121기가 북한군에 의해 격추되어 동북아에 긴장이 고조되었다. 이러한 긴장 속에서 미국 정부가 1969년 발표한 닉슨 독트린또는 괌 선언은 아시아의 방위를 아시아 사람들에게 우선 맡기고 미군의 직접 개입을 피할 것을 천명하였다. 미국 정부는 그 일환으로 주한 미 지상군 감축 계획을 발표했고, 1971년 3월 제7사단이 실제로 철수하였다. 동북아 안보 상황의 급변은 미국의 닉슨 대통령이 1972년 중국을 방문함으로써 본격화된 미국과 중국의 화해 조류로 절정에 이르렀다. 남북한의 긴장 고조, 미 지상군 일부 철수, 적국인 중국과 우방인 미국의 화해라는 국제적 상황 변화가 박정희 정부로 하여금 이에 대처할 정치적 변화를 시도하게 만들었다. 정부는 여기에 두 가지의 방법을 병행하였다. 하나는 남북 대화를 추진하여 긴장을 완화하는 것이고, 다른 하나는 이미 본 바와 같이 군비를 증강하고 국가비상사태 선포 등을 통해 국내 통제력을 확립하는 것이었다.

박정희는 1970년 8월 15일 광복절 경축사에서 적대적인 대북 정책을 변경할 것을 천명했고, 이듬해 8월 12일 대한적십자사는 북한 측에 남북적십자회담을 제의하였다. 그 결과 분단 후 처음으로 정부 차원에서의 양자 간 대화가 시작되었다. 남북 대화는 1972년 7·4공동성명에 양쪽이 합의함으로써 절정에 달하였다. 이 성명에서 남북한 당국자들은 통일의 3대 원칙으로 자주, 평화, 민족 대단결에 합의하였다. 이는 주로 북한 측의 의견이 반영된 것으로, 북한은 미군 철수와 해외 친북 동포들의 통일 논의 참여를 염두에 둔 것이었다. 그러나 한국 정부가 이를 받아들일 수 없었으므로, 이 3대 원칙은 명분상으로는 그럴듯하나 실제로는 동상이몽의 전형이 되고 말았다. 합의 직후인 같은 해 10월 남쪽에서 유신 체제가 들어서고 12월 북쪽에서 김일성 유일 체제를 완성한 사회주의 헌법이 선포되었다. 마치 약속이나 한 듯하였다. 그 뒤 양쪽 사이의 의미 있는 대화는 사라지고 말았다. 당시 안보 위기의식을 느낀 박정희는 긴장 완화와 대내적 통제를 동시에 추구하였다. 안보 위기에의 대응과 권력의 개인화는 어느 정도 따로 추진되었다. 이런 의미에서 남북 대화 자체가 유신 선포의 사전 공작이었다고 말할 수는 없을지 모르나, 대화를 추진하는 과정에서 남북 대화를 유신 체제의 대의명분으로 삼았다고 볼 수 있다.

그러나 무엇보다 유신 체제는 박정희의 권력 연장 욕구 때문에 탄생하였다. 이는 굳이 설명할 필요도 없는 자명한 사실이다. 그런데 여기서 권력 의지를 강조한다고 하여 박정희가 순수하게 자기 권력의 유지나 확장만 꾀하였다고 주장하는 것은 아니다. 그는 한국의 대통령으로서, 그리고 흔히 하는 말로 처음으로 '한국을 보릿고개에서 벗어나게 해 준 지도자'로서 일종의 사명감을 짙게 느끼고 있었다. 자신이 아니면 한국을 이끌 사람이 없다는 소명 의식, 자신이 지도하지 않는 한국에 대한 불안감, 북한의 위협과 사회적 소요에 대한 불안, '무책임한' 정적들에 대한 불신 등등의 사명감과 불안이 그로 하여금 권력에 더 집착하게 만들었던 것으로 보인다. 이렇게 보면 '권력 의지'라는 것에는 그야말로 순수한 '권력욕'과 옳건 그르건 지도자로서의 '사명감'이 같이 작용한다고 보아야 할 것이다. 그러면 당시 박정희는 권력 유지를 위해 어떤 방법을 사용할 수 있었을까? 3선 개헌도 마찬가지였지만, 박정희가 권력을 계속 유지할 수 있는 법적, 제도적인 수단은 헌법을 다시 고치는 것 외에는 달리 없었다. 그래서 그는 대만의 총통제를 연구하러 사람을 보내기도 하고 헌법학자들을 동원하여 가능한 방법을 찾아보았고, 마지막으로 내린 결론이 유신 헌법이었다. 당시 한국의 경제적 어려움이나 안보 위기의식 등도 더 억압적인 체제 변동에 어느 정도 영향을 주었을 수 있지만, 그보다는 박정희의 권력 의지가 유신 체제 탄생의 가장 중요한 원인이었음은 부인할 수 없다.

2.
유신 체제의 특징

유신 체제의 탄생으로 인한 정치 변동의 특징은 두 측면으로 나눌 수 있다. 즉, 박정희의 집권 연장으로 인한 정치권력의 개인화와 정치, 경제적 탄압의 강화, 그리고 국가와 사회의 준군사화, 탈정치화와 효율성의 강조였다.

일인 체제의 구축과 정치 사회의 위축

유신 체제의 정권 구조는 압도적으로 박정희의 일인 지배 구조였다. 이러한 일인 체제에서 대통령의 권한은 절대적인 것이었다. 계엄령하에서 국민투표로 통과된 유신 헌법은 대통령을 입법, 사법, 행정의 3부 위에 군림하는 국가적 지도자로 규정하였다. 대통령의 선출은 통일주체국민회의라는 어용 기구에 위임되어 대통령의 종신 임기가 실질적으로 보장되었다. 대통령은 국회해산권과 국회의원 3분의 1의 '추천권' 실제로는 임명권을 가짐으로써 국회를 거수기로 전락시켰다. 동시에 판사임면권과 긴급조치권을 부여받아 대통령은 안보에서 사법에 이르는 국정의 모든 분야를 직접 장악할 수 있게 되었다.

유신 체제하에서 국가의 중추를 이룬 것은 대통령과 그 보좌 기관, 군부, 그리고 기술 관료였다. 그중 군부는 박정희의 개인 체제를 떠받드는 중요한 기구였다. 쿠데타 직후의 파벌 투쟁을 극복하고 박정희가 군에 대한 통제를 확립한 후 군부의 박정희에 대한 도전은 자취를 감추었다. 군에 대한 박정희의 통제는 철저하였다. 그는 제도적 수단보다는 비공식적인 연결망을 통해 잠재적 도전자를 제거하였다. 이로써 개인적 시혜와 충성으로 연결된 후원-피후원의 관계가 대통령과 특정 고위 장교들 사이에 형성되었다. 박정희는 군의 충성을 확립하고 통치의 발판으로 삼기 위해 특정 장군들을 총애하고 키웠다. 그가 죽은 후 새로운 군부 권력의 핵심이 된 '하나회'가 그 결과로 나왔다. 이런 상황에서 일부 장성들은 유신 체제하에서 매우 정치화되었다. 박정희는 군을 효율적으로 통제했으나, 동시에 특정 장성들을 정치화시킴으로써 이후에 나타난 군의 정치 재개입에 비옥한 토양을 제공하였다.

대통령의 권력이 크게 증대된 데 반해, 국민의 정치적 자유와 시민권은 매우 억압받았다. 표현, 집회, 언론, 결사의 자유가 크게 제약받았고 노동권이 위축되었다. 이러한 자유와 권리의 제약은 통일과 국가 발전을 위해 낭비를 배제해야 한다는 명분, 즉 행정의 효율성과 질서 유지의 명분으로 정당화되었다. 정치적 반대 세력의 불법 체포와 고문, 납치가 횡행했는데, 이는 주로 중앙정보부와 보안사령부, 수도경비사령부 등의 군 기관들이 담당하였다. 1973년 8월에는 유신 선포 직후 일본으로 건너가 반정부 활동을 펼치던 야당 지도자 김대중을 중앙정보부 요원들이 납치하여 국내로 강제 송환하였다. 이는 한일 관계를 악화시켰고, 학생들의 반정부 활동에 불을 질렀다. 또한 이 사건은 당시 이미 교착 상태에 빠져 있던 남북한 관계에 영향을 미쳐, 북한은 이를 구실로 모든 대화를 중단한다고 선언하였다.

정치적 탄압의 법적 조치는 일련의 긴급조치 선포로 나왔다. 1973년 말에 일어난 개헌 서명 운동을 억압하기 위해 1974년 1월 8일 긴급조치 1호를 공포한 뒤 모두 아홉 차례에 걸쳐서 긴급 조치를 발효하였다. 그중 가장 포괄적인 것은 1975년 5월 13일 선포된 긴급조치 9호였다. 정부는 당시 베트남의 공산화 통일 등 인도차이나 사태를 이 조치를 정당화하는 데 이용하였다. 긴급조치 9호는 '유언비어'의 유포를 금지하고 헌법 비방을 금지하여 체제에 대한 모든 비판을 봉쇄하였다. 동시에 정부에 대한 어떠한 비판도 유언비어의

족쇄로 차단하려고 하였다. 정치적 억압뿐 아니라 사회적인 억압도 매우 심해졌다. 미풍양속을 해친다는 이유로 남자들의 장발과 여자들의 미니스커트가 단속의 대상이 되었고, 많은 대중가요가 방송 금지되었으며, 대마초 흡연 연예인들의 구속이 수시로 이루어졌다.

이러한 상황에서 정당 정치는 이전보다 더 위축되었다. 정당들은 대통령 선출에 참여할 수 없었을 뿐 아니라, 대통령 선출의 임무를 맡은 통일주체국민회의 대의원2,000~5,000명은 정당에 가입할 수 없었다. 국회 의석의 3분의 1은 대통령이 임명한 유신정우회유정회 의원들로 채워졌다. 또 국회의 권한과 정당의 역할이 더욱 위축되었다. 국회는 국정감사권을 박탈당하였고, 공화당은 조직과 예산이 대폭 줄어들었다. 정당 정치의 위축은 정치 과정 자체가 배척당했다는 사실을 의미한다. 유신 체제하에서 정치가 사라진 자리를 정부와 어용 단체들에 의한 안보 동원이 차지하였다. 이렇게 탈정치화한 상황에서 박정희는 1972년 12월 23일 제8대 대통령으로 선출되었고, 1978년 2,578명의 통일주체국민회의 대의원 중 2,577명의 찬성1표는 무효!으로 중임되었다. 1973년의 국회의원 선거에서 공화당은 73석, 신민당이 52석, 통일당이 2석을 얻었으나, 유정회가 3분의 1 의석을 차지하여 이러한 의석 분포는 큰 의미가 없었다.

총력안보 체제

총력안보 체제는 유신 정부가 정치적 통제와 안보 동원, 그리고 통치의 명분을 위해 만들어 낸 용어였고 지향한 체제였다. 안보는 경제 성장과 함께 유신 체제의 양대 명분을 형성하였다. 특히 인도차이나 반도에서 공산화가 가속화된 1975년 이후 안보가 더욱 강조되었다. 당시 베트남이 공산화 통일되고 라오스, 캄보디아 등도 공산 세력이 장악하여 한국에도 안보 위기의식을 불러왔다. 집권자는 안보를 위해 민주주의 정치 과정을 국력 낭비라고 배척하였다. 총력안보 체제 구축을 위해 정부는 향토예비군1968년 4월 1일 창설과 교련 교육1969년 1월에 결정의 강화로 준군사적 기구들을 강화했고, 각 대학에 학도호국단을 설치하였다. 1975년 7월에는 국회가 안보에 관한 법률 네 개를 통과시켰다. 그 가운데 사회안전법은 미전향 사상범을 만기 복역 후에도 억류하기 위한 것이었고, 민방위기본법은 국민의 공습 대처 훈련을 위한 것이었으며, 방위세법은 방위 산업 육성을 위해 새로운 세금을 신설한 법이었다.

정부는 또 대규모 안보 동원을 도모하였다. 이는 1970년대 중반 절정에 달하였다. 1975년 4월 박정희는 '국가 안보에 관한 특별 선언'을 발표하여 안보를 위한 국민의 일치단결을 강조하였다. 또 대규모 안보 궐기 대회들을 개최하여 사회를 안보 우선의 분위기로 몰고 갔다. 이러한 상황은 정부의 독재에 대한 비판을 약화시키고 정치 탄압을 강화시키는 계기가 되었다. 국민들 또한 이러한 안보 위기 상황에 압도되어 방위성금 모금에 앞장서고 대학생들의 반정부 운동에 비판적인 태도를 취하기도 하였다. 남북한 대치 상황이 한국 민주주의 발전을 지연시킨 대표적인 사례라고 볼 수 있다.

당시의 남북한 관계는 짧았던 대화의 노력이 수포로 돌아가고 군사적 긴장 상태로 되돌아가 있었다. 남북 대화가 지지부진하자 박정희 대통령은 1973년 이른바 '6·23평화통일외교정책선언'을 발표하여 유엔을 비롯한 국제기구들에 남북한이 동시 가입할 것을 천명하였다. 그러나 북한은 한국 정부가 김대중 납치 사건을 일으키자 이를 구실로 모든 대화의 중단을 선언하였다. 남북한 간의 군사적 대치 상황은 1970년대의 일련의 땅굴 사건, 1976년 판문점에서의 도끼 만행 사건 등으로 고조되었다. 북한은 남한에 공비를 파견하기 위해 휴전선 부근에 땅굴들을 팠는데, 그것이 우리 측에 발각되어 파문을 일으켰다. 또 공동경비구역에서 미루나무 가지치기를 하던 미군들을 북한 군인들이 느닷없이 습격하여 여러 명을 죽인 사건도 터졌다. 북한 정부는 처음으로 미국에 사과하였다. 또 미지상군 일부의 한반도 철수, 1975년 미국의 베트남 철수, 1977년 카터 대통령의 주한 미 지상군 완전 철수 발표 등으로 한층 안보 위기의식이 고조되었다. 이러한 상황에서 정부는 1976년부터 매년 하게된 팀스피릿 훈련을 통해 한미 군사 지원 체계를 확고히 다지는 동시에 군비 증강에 박차를 가하였다. 미 지상군 일부 철수의 대가로 주어진 군사 원조로 국군 현대화 5개년 계획을 추진하기도 하였다.

   이러한 군사 체제에 덧붙여, 박정희는 능률적인 국가 발전을 위한 자주 정신과 생활 방편으로서의 조화를 강조하였다. 개인과 국가의 합일 정신과 충효의 고전적 유교 이념을 강조하였다. 개인보다는 국가를 우선하는 국가주의적 사고와 개인과 전체의 조화를 강조하는 유기체적 국가론을 국민에게 주입한 것이다. 이는 안보와 효율적인 국가 발전을 위한 능률 제고와 총화 단결, 그리고 국력 신장을 위해 필수적인 사회적 관계로 규정되었다. 집권자는 이러한 체제야말로 국가적 위기를 극복하고 효율적인 근대화를 가능케 할 체제라 주장하였다. 이러한 유기체적인 국가관은 개인과 공동체의 합일, 그리고 임금에 대한 백성의 충성을 강조한 한국의 유교적 전통을 한껏 활용한 것이었다.

국가와 지배 연합

이상과 같은 국가 발전 목표는 점점 권력을 강화해 간 기술 관료들이 앞장서서 추진하였다. 그들은 박정희의 비호를 받으면서 경제 성장 정책을 입안, 집행함으로써 통치의 기반을 다져 주었다. 정치권력은 통치자 주변에 위치한 대통령 비서실, 경호실, 중앙정보부 등의 실권자들에게 공유되었다. 이런 관계를 통해 박정희는 이승만보다도 더 체계적이고 탈정치화된 신가부장적 통치를 꾸려 나갔다. 기술 관료의 권력 상승에 비해 군부의 권력은 상대적으로 줄어들었다. 기술 관료는 경제 정책 추진에서 자본가 계급, 특히 재벌과 일종의 동맹 관계를 맺고 있었다. 재벌은 외국 자본의 도입보다는 국내 자본의 육성을 통해 경제 발전을 이루려는 박정희의 경제적 민족주의의 결과 성장할 수 있었다. 특히 1970년대의 중화학공업화는 국내 대자본의 성장과 복합기업화를 가속화시켰다. 현대, 삼성, 대우 등의 재벌들이 그 덕에 크게 성장할 수 있었다. 재벌 기업들은 국가의 비호 아래 수출 지향 산업화를 성공적으로 수행하여 박정희 통치의 정당성을 제공하였다. 또한 그들은 전국경제인연합회, 무역협회, 상공회의소 등 이익 단체들을 통해 정책 건의와 이익 도모를 추진하였다. 이러한 이익 단체들 역시 국가 주도하에 구성된 것들로 이들의 정부 시책에 대한 압력은 미미하였으나, 한국 경제가 고도화되고 복잡해짐에 따라 그들의 경제 정책에 대한 발언권이 강화되었다.

지배 연합 안에서는 매우 높은 동질성과 응집성이 존재하였다. 군부와 기술 관료는 대통령에게 절대적인 충성을 바치고 있었고, 군부, 기술 관료, 재벌들 사이에서는 경제 개발과 정치적 통제의 방향에서 이렇다 할 견해 차이가 존재하지 않았다. 군부, 기술 관료, 재벌들은 모두 능률과 합리성을 통한 경제 성장과 안보를 민주적 가치들보다 선호하고 있었다. 단지 군부가 안보를 중시하는 국가주의적 세력이었다면, 기술 관료와 재벌은 합리성과 경제 성장을 중시하는 자유주의적 경향을 보인 차이가 있을 뿐이었다. 이러한 지배 체제의 동질성과 응집성은 최고 권력자 박정희 아래 단결된 지배 체제의 견고함을 나타낸 것으로, 10 · 26사태로 박정희가 피살될 때까지 유신 체제 유지의 중요한 요인이 되었다.

3.

저항 세력의
성장

|

박정희의 철권통치에도 불구하고 정치적 저항은 꾸준히 성장하였다. 저항은 여전히 학생들을 중심으로 전개되었으나 종교인, 지식인을 중심으로 한 이른바 '재야 세력'이 이에 가세하였다. 국가 통제하에 있던 노동 계급도 계속된 노동 분규로 지배자의 권력 기반을 약화시키는 데 기여하였다. 특히 학생, 재야의 정치적 도전이 노동 계급의 경제적 도전과 연계를 맺어 일종의 저항 동맹을 형성하였다. 야당 역시 유신 말기에는 한동안의 순응을 벗어나 전투적인 자세로 집권 세력에 도전하기 시작하였다.

중화학공업화의 일관된 경제 목표를 추구한 국가는 이를 위해 노동자들을 엄격히 통제하였다. 노동 통제를 위해 법적인 조치들과 더불어 유교적인 문화 전통을 적극 활용하였다. 정부는 노사 간 화합을 강조하여 노동조합 대신 공장 새마을 운동과 노사 협의제를 적극 시행하도록 했고, 공장 안에서의 가족주의적인 인화 단결을 강조하였다. 동시에 분단 상황이 야기한 안보 위기의식을 노동자들에게 주입하여 노동 운동을 약화시켰다. 이러한 복합적인 국가의 노동 통제 정책은 상당한 효과를 거두어, 유신 기간 동안 노동 운동은 대규모화하거나 조직적인 기반에서 장기적으로 전개되지 못하였다. 그러나 간헐적으로 나타난 노사 분규의 폭발성은 상당한 정치적 반향을 불러일으켰다. 1970년대 중반 및 후반의 방림방적, 청계피복, 동일방직 사태들은 노조를 파괴하기 위한 사용자 측의 폭력적 탄압에 정부가 적극 개입한 대표적인 사례였다. 이러한 상황에서 노동자 자신들의 대응 능력에는 한계가 있었기 때문에, 여기에 자연히 바깥의 재야 조직들, 그중에서도 도시산업선교회를 중심으로 한 종교 단체들이 적극 후원에 나섰다. 그 결과 교회와 노동자의 연계 세력이 형성되어 기존의 정치, 사회 구조에 도전을 행사하게 되었다. 이러한 노동과 지식인의 연계는 1970년대에 본격화된 인권 운동의 핵심을 이루었고, 반정부 세력의 정치 활동을 진일보시켰다.

유신 체제에 대한 학생과 재야의 도전은 끊이지 않았고 오히려 시간이 흐를수록 강화되었다. 직접적인 항거는 1973년 10월 서울대학교 문리대생들의 시위로 시작되었고, 이후 전국 대부분의 대학으로 확산되었다. 교회 성직자들의 체제에 대한 비판도 비슷한 시기에 나타나기 시작하였고, 도시산업선교회의 활동도 그 당시부터 시작되었다. 같은 해 12월 개헌 청원 백만 인 서명 운동이 일어나 본격적인 반체제 운동으로 발전하였다. 종교계에서도 민주화 운동이 활발해져 천주교정의구현전국사제단과 한국기독교교회협의회를 중심으로 천주교와 개신교의 반독재 인권 운동이 활발하게 전개되었다. 1974년 12월 25일 민주회복국민회의가 결성되어 재야의 지식인, 종교인, 구정치인들로 구성된 일종의 연대 기구가 형성되었다. 1974년 11월 하순 포드 미국 대통령이 방한했을 때는 재야인사들이 박 정권에 대한 미국 정부의 비판을 요구하기도 하였다. 박정희는 이들을 사대주의자들이라고 공격하였다.

이러한 민주화 운동에 대해 정부는 일시적인 유화 정책을 펼쳤다. 정부는 통치의 정당성을 과시하기 위해 1975년 2월 12일 정부 신임을 묻는 국민투표를 실시하였다. 모든 독재 체제에서의 국민투표처럼 물론 신임을 받는 결과가 나왔다. 같은 달 15일에는 긴급조치 위반자 대부분을 석방하였으나, 새 학기 들어 학생들의 소요가 계속되자 강경책으로 돌아섰다. 3월 자유 언론 실천 운동을 주도하던 언론인들을 대량 해고했고, 언론 자유 수호를 결의한 「동아일보」기자들에 대한 보복으로 「동아일보」에 광고를 싣지 못하도록 하였다. 긴급조치 9호의 발효로 정치 탄압이 가중되고 북한 땅굴 발견, 인도차이나 반도의 공산화 등으로 안보 문제가 민주주의 문제를 압도한 정치 상황에서 반체제 운동은 잠시 둔화되었다. 그러나 1976년 3월 1일 김대중, 윤보선을 포함한 각계의 지도자들이 민주구국선언을 선포함으로써 민주화 운동은 다시 활기를 띠게 되었다. 이후 터진 박동선 사건[*]과 한국의 인권 상황에 대한 미국의 비판, 미군 철수 정책으로 인한 한미 마찰 등 혼란의 와중에서 재야 운동은 강화되었다.

야당인 신민당은 유신 선포를 저지하는 데 아무런 힘도 발휘하지 못했고, 유신 말기에 이르기까지 별다른 도전을 행사하지 못하였다. 그것은 원래 신민당이 지니고 있던 여러 한계 때문이었지만, 더 직접적으로는 1973년 3월 유진산이 총재에 취임하면서 타협 정치를 내세웠기 때문이었다. 1974년 강경파인 김영삼이 새로운 총재

* 한국 정부의 사주로 박동선이 미 의회 의원들에게 뇌물을 준 사건으로, 한미 관계를 심각하게 악화시켰다.

로 취임하여 헌법 개정을 요구하는 장외 투쟁을 벌였으나, 1975년 5월 박정희와 회동한 뒤 분명치 않은 이유로 강경 노선을 철회하였다. 곧 그만두겠다는 박정희의 감언이설에 넘어간 것으로 보인다실제로 김영삼은 이후 사석에서 박정희가 자기를 속인 것 같다고 술회하였다. 신민당의 무기력은 1976년 이철승이 이른바 중도통합론을 들고 총재에 당선됨으로써 한층 심화되었다. 그는 유신 체제의 존재와 그것이 내건 명분을 인정하는 대신 신민당의 정치적 존속을 보장받음으로써 반정부 투쟁을 명시적으로 포기하였다. 그러나 1979년 5월 김영삼이 전당 대회에서 다시 총재로 선출됨으로써 신민당의 대정부 투쟁은 본격화되었다.

　　　도시 중간 계급은 산업 노동자와 함께 1970년대 당시 크게 성장하였지만 유신 체제하에서 대체로 정치적인 침묵을 지켰다. 이들은 심정적으로 자유민주주의를 선호하였으나 일부 지식인을 제외하고는 반정부 활동에 가담하지 않았다. 그러나 그렇다고 하여 중간 계급이 유신 체제의 적극적인 지지자였다고 말할 수는 없다. 당시 국회의원 선거에서 보여 준 도시의 강한 야당 성향은 유신 체제에 대한 그들의 반감을 잘 보여 준다. 다만 그러한 감정이 적극적인 반체제 운동으로 나타날 만큼 강렬하지 못하였고, 이것이 그들의 정치적인 침묵으로 표현된 것으로 보인다.

4.

유신 체제의 붕괴

|

부마항쟁과 박정희 피살

1970년대 말 들어 수출 부진, 물가 앙등, 외채 급증, 무역수지 불균형, 경공업 경시로 인한 소비재 부족 등 경제 문제들이 불거졌고, 제2차 석유 파동이 겹쳐 한국의 경제는 더 어려워졌다. 1977년과 1978년에 걸쳐 일어난 방림방적, 청계피복, 동일방직 사태들로 고조되던 노동 소요는 이른바 YH사건으로 절정에 달하였다. 밀린 임금을 지불하지 않고 사장이 미국으로 도피한 상황에서, 소규모 가발 수출업체이던 YH무역의 여공들은 문제 해결의 방편으로 신민당사에서 농성을 벌였다. 경찰은 이를 강제 진압하기 위해 당사 안으로 진입하였고, 이 과정에서 여공 한 사람_{김경숙}이 건물 옥상에서 떨어져 죽었다. 1979년 8월 11일의 일이었다. 이 사건 자체는 체계적이거나 규모가 큰 노동 운동은 아니었으나, 정권에 대한 도전이 무르익어 가던 상황에서 터졌기 때문에 전 국민을 경악시켰고, 반체제 운동에 일종의 기폭제로 작용하였다.

국가와 민간 사회의 힘겨룸은 이른바 부마항쟁으로 절정에 달하였다. 1979년 5월 김영삼이 신민당 총재로 복귀하여 유신 체제에 대한 전면 투쟁을 선포하였다. 김영삼은 박 대통령의 사임을 요구하고, 경제 정책을 비난했으며, 외신기자클럽 회견에서 남북한 통일을 위해 김일성을 만날 용의가 있음을 표명하였다. 그러자 정부는 김영삼의 축출을 기도하였다. 중앙선거관리위원회는 신민당 대의원 두 명이 전당대회 당시 투표권이 없었음을 선언했고, 김영삼의 정적인 이철승계 인물들이 전당대회 결과의 무효를 제소하여 법원은 김영삼의 총재직 박탈을 결정하였다. 국회는 더 나아가 9월 16일자 「뉴욕타임스」 회견 내용이 국가를 모독하였다는 이유로 김영삼의 국회의원직마저 박탈하고 말았다.[*] 그동안 쌓이고 있던 국민의 불만이 이를 계기로 폭발하였다. 김영삼의 선거구인 부산과 마산을 중심으로 일어난 학생 시위는 곧 일반 시민들이 참여한 대중 봉기로 확산되었다. 시위는 10월 16일 부산에서 발생하여 마산, 창원 등 인접 지역으로 확산되었다. 이것은 박정희의 퇴진을 요구하는, 정권에 대한 시민의 직접적인 도전이었다. 그동안 철권통치하에서 억눌려 왔던 국민의 정치적 불만이 김영삼에 대한 탄압을 계기로 폭발한 것이었다. 정부는 18일 부산에 계엄령을 선포하고 20일에는 마산, 창원에 위수령을 발동하였다.

당시까지도 지배 연합은 아무런 분열의 조짐을 보이지 않았다. 지배 연합을 구성하고 있던 군부, 관료, 재벌 사이에는 아무런 의미 있는 균열도 존재하지 않았다. 이것이 점증하는 정치적 저항에도 불구하고 국가의 통제가 비교적 확고히 유지될 수 있었던 중요한 까닭이었다. 그러나 유신 체제의 종말은 어떤 의미에서는 어처구니없게 왔다. 당시 중앙정보부장 김재규는 군의 한참 후배인 경호실장 차지철의 방자한 월권행위와 자신에 대한 무시, 그리고 그에 대한 대통령의 편애를 참을 수 없었다. 그는 부마항쟁의 심각성을 인식

---

[*] 여기서 김영삼은 미국 정부에 독재 정권과 민주주의를 열망하는 한국 국민들 사이의 선택을 요구하였다.

하고 온건 개혁을 건의했으나, 강경 진압을 주장한 차지철의 견해가 득세하였다. 부마항쟁이 절정에 달하였던 10월 26일 밤의 술잔치에서 그는 박정희와 차지철을 살해하고 말았다. 이로써 유신 체제는 무너지고 새로운 정치 질서를 건설할 기회가 다시 한 번 도래하게 되었다. 그러나 얼마 가지 않아 새로운 질서는 아직도 먼 것으로 판명되었다. 그것은 10·26의 돌발성과 밀접한 관계를 갖고 있었다.

유신 체제 붕괴의 원인

유신 체제가 붕괴한 근본적인 원인은 그것의 성격 자체에서 찾아진다. 무엇보다 그것은 한시적인 비상 체제였고 그런 만큼 정당성이 부족하였다. 그리고 그만큼 반대 세력의 명분이 컸고 도전이 끈질겼다. 박정희도 그 사실을 알고 있었기 때문에 피살 전에 후계 구도에 대해 고민하고 있었다고 전해진다. 실제로 박정희는 당시 후계자에게 정권을 인도할 의향이 있었다고 한다.[*] 그러니 박정희가 그런 식으로 피살되지 않았더라도 어차피 유신 체제는 지속되기 어려웠을 것이다. 박정희는 아마 후계자를 민주적인 외양을 통해 대통령으로 앉히고 자신이 '상왕' 구실을 하는 체제를 꿈꾸었을 것이다.

게다가 성장하는 사회에서 고도 탄압 체제가 맞이할 수밖에 없는 운명이 있었다. 권위주의 체제는 정당성의 기반이 취약한 국가가 궁극적으로 강제력에 의존하여 사회 통제를 실현하는 체제이다. 그러나 강제력과 그것이 가져오는 시민의 공포감은 체제 유지의 장기적인 수단이 될 수 없다. 정권과 지배 연합은 대다수 국민을 권력

---

[*] 정승화, 『12·12사건 정승화는 말한다』(서울: 까치, 1987), 78쪽의 당시 내무장관 김치열의 증언 참고.

과 부의 분배에서 소외시킴으로써 국민의 지지는 물론 정치적 침묵마저 장기적으로는 보장하지 않는다. 특히 산업화가 위기에 직면할 때 지배 연합에 대한 저항은 급격히 확산되게 마련이다. 그런데 유신 체제는 정치권력이 고도로 개인화되었으며, 민간 사회는 군사적 동원 체제의 성격을 띠었다. 이 두 요소가 박정희의 장기 집권을 가능하게 했지만 동시에 집권자의 퇴로를 가로막는 역설도 연출하였다.

박정희의 일인 지배 체제는 더 제도적인 권위주의 정권, 예컨대 일당 지배 체제와는 다른 문제를 안고 있었다. 그것은 정치적 계승에 관한 것이었다. 유신의 일인 지배 체제는 박정희 뒤를 이을 정치적 후계자 혹은 후계 집단을 키우지 못하였다. 따라서 국민적 저항이 거세어진 정권 말기에도 박정희는 원하였더라도 권력을 이양할 마땅한 후계자를 찾을 수 없었다. 그래서 결과는 파국으로 나타났다. 이승만의 정치적 종말과 흡사한 상황이었다. 두 개인 통치자는 국민적 저항을 과소평가하고 강경 대응으로 맞서다가 정치적 혹은 개인적 최후를 맞이하고 말았다.

마지막으로, 김재규의 역할에 대한 논란이 있을 수 있다. 그는 법정에서 자신이 박정희를 죽인 것은 혁명을 이루어 한국에 민주주의를 되찾아 주기 위해서였다고 주장하였다. 그의 이런 주장은 어쩌면 당연한 것이다. 그가 부마 시위에 대한 박정희의 과잉 대응에 반감을 가졌던 것은 분명한 것 같다. 그러나 차지철을 죽이겠다고 작정한 데에는 정책상의 차이보다는 개인적인 원한이 더 크게 작용한 것 같다. 그가 박정희까지 죽이려고 처음부터 마음먹었는지 아닌

지도 알 수 없다. 혁명까지는 아니더라도 박정희를 죽인 뒤 새로운 체제를 들이겠다고 작정한 사람의 행동으로는 살해 뒤의 행동들이 허술하기 짝이 없었다. 뒤처리까지 잘 계획된 행동은 아니었다. 자신이 어디까지를 원하는지도 잘 모르는 상태에서 거의 충동적으로 행동한 것처럼 보인다. 어쨌든 김재규의 행동이 유신 체제를 끝내는 데 결정적인 작용을 한 것만은 틀림없는 사실이다.

군부의 재집권과 전두환 정권

　　박정희가 피살되자 한국에는 민주주의가 다시 살아나는 듯
하였다. 그러나 민주화는 수포로 돌아갔다. 그것은 근본적으로 민
주화 세력과 권위주의 군부 세력의 힘겨룸에서 민주화 세력이 패배
하였기 때문이었다. 민주화 세력은 유신 기간 동안 성장하기는 하였
으나 아직도 군부 세력을 축출하기에는 그 힘이 모자랐다.

1.

군부 재집권의
과정과 원인

|

　　박정희의 피살은 모두에게 예상치 못한 사태였다. 저항 세력
이건 집권 세력이건 어느 쪽도 박정희가 없는 정치 상황에 대한 물
리적, 심리적 준비가 되어 있지 않았다. 앞에서 보았듯이 10 · 26 사
건 자체도 치밀한 계획 없는 돌발적인 행위였다. 사건 뒤의 혼란은
박정희의 유신 체제가 일인 통치자에게 과도하게 의존한 일인 지배
체제였기 때문에 가중되었다. 야건 여건 어느 쪽도 박정희 이후를
향한 구체적인 정치 구도를 가지고 있지 못하였고, 여권 안에서도
박정희의 뒤를 이어 과도기를 수습할 정치 지도자가 없었다.

　　이러한 정치적 혼란은 자연히 각 정치 세력들 사이에 치열한
힘겨룸을 불러왔다. 힘겨룸은 한국 정치의 대표적인 정치 세력들인
군부, 학생, 정당 세력들을 중심으로 이루어졌고, 여기에 관료 집단
과 재야 세력들도 참여하였다. 군부가 궁극적인 승리자가 된 것은

근본적으로 힘의 자원에서 우세했기 때문이었지만, 당시 각 세력들이 취했던 전략 또한 상당한 몫을 담당하였다. 다시 말해, 당시의 세력 관계를 볼 때 군부의 득세를 막기는 어려웠을지 모르나, 다른 정치 세력들의 전략, 전술과 행동이 달랐더라면 상당히 다른 결과도 가져올 수 있었으리라는 말이다. 여기에서는 특히 야권 지도자들의 행동이 문제가 되었다. 야권 지도 세력의 분열과 전 국민적 지도력의 부족이 그렇지 않아도 불리한 힘의 균형 속에서 군부의 재집권을 저지하지 못하게 만든 것이다.

　　10·26 사건 직후 정부는 제주도를 제외한 전국에 비상계엄을 선포하고 정승화 참모총장을 계엄사령관에 임명하였다. 그러나 얼마 지나지 않아 군 안에서 권력 투쟁이 나타났다. 당시 보안사령관 자격으로 합동수사본부장을 맡고 있던 전두환 소장을 중심으로 한 새로운 군부 세력이 독자적인 힘으로 부상하였다. 이들은 이후 보통 '신군부'라고 불리게 된다. 이들은 보안사령부, 합동수사본부, 육사 11기, 하나회를 중심으로 뭉친 강력한 세력을 형성하였다. 정승화 계엄사령관은 전두환의 득세를 우려하여 그를 좌천시키려고 하였으나, 그 직전에 12·12쿠데타가 발생하여 실패하고 말았다. 12월 12일 새벽에 신군부 세력은 육군 본부에 침입하여 총격전 끝에 정승화를 체포하였다. 일종의 하극상 쿠데타였다. 이로써 정승화 세력은 몰락하고 전두환을 중심으로 한 신군부가 군을 장악하게 되었다.

　　박정희 피살 후 유신 헌법이 규정한 대로 통일주체국민회의에서 선거를 통해 최규하 국무총리가 대통령으로 선출되었다. 그는 빠른 시일 안에 새 헌법을 만들겠다고 공표하였다. 정치적 자유화의 분위기 속에서 기존의 정당들이 활발하게 움직였다. 공화당은 11월 13일 전당대회에서 김종필을 총재에 선출하여 활성화를 꾀했고, 신민당은 10 · 26 사건 직후 곧 김영삼 체제로 복귀하였다. 두 당은 모두 정상적인 정치 과정을 존속시키는 데 중점을 두었고, 군부를 자극하지 않으려고 조심하였다. 김대중, 김영삼, 김종필의 이른바 3김씨들은 모두 조심스러운 태도를 보였다. 대체로 10 · 26에서 12 · 12에 이르는 기간 동안 국민들은 사태의 추이를 관망하고 있었고, 학생과 재야도 적극적인 행동을 보이지 않았다.

이런 상황에서 민주 세력의 분열은 치명적이었다. 3김씨의 경쟁, 특히 김대중, 김영삼 두 야권 지도자의 경쟁은 막강한 적을 앞에 둔 민주 세력의 분열을 의미하였다. 물론 그들이 단결했더라도 신군부 세력이 여전히 권력을 장악하였을 수도 있다. 그러나 다른 한편 그들의 단결이 신군부 세력의 정치 구상에 상당한 영향을 주었을 가능성도 있다. 그들이 단결했더라면 최소한 신군부 세력이 광주 학살을 통한 무소불위의 권력 행사를 하지는 못하였을 것이다. 민주 세력이 군부와 일종의 타협을 이룰 수도 있었을 것이다. 이원집정제나 민간이 겉으로 정부를 구성하고 군이 뒤에서 힘을 발휘하는 이중구조가 들어섰을 가능성도 있다. 그렇게 되었더라면 정치 불안과 혼란이 계속되었을 것이고 결국 또 다른 쿠데타가 일어났을 가능성이 있다. 하지만 어쨌든 민주 세력의 결집이 쉬워졌을 것이고, 이에 따라 전두환, 노태우를 거치는 것보다 민간 민주화의 일정이 단축되었을 가능성이 크다. 일어나지 않은 일에 대한 가정이지만 당시 여러 정치 상황을 종합하면 그렇게 추정할 수 있다. 그러나 현실은 그렇지 못하였다. 두 김씨는 모두 자신이 정점에 서는 민주화를 원하였다. 그들의 경쟁은 구체적으로 신민당에 김대중이 입당하느냐 아니냐, 그리고 한다면 어떠한 조건으로 하느냐로 압축되었다. 당시까지 정치 활동이 금지되었던 김대중에 비해 신민당 총재로 있던 김영삼은 당 안에서 유리한 위치에 있었고, 이 점이 김대중으로 하여금 입당을 주저하게 만들었다. 양자의 협상은 실패로 돌아가고 김대중은 신민당 입당을 포기한 채 재야 세력을 규합하여 권력 경쟁에 돌입하게 되었다.

학생과 재야 세력은 효과적인 정치 세력으로 앞장서지 못했을 뿐 아니라, 양 김의 분열에 따라 내분을 겪음으로써 제한된 힘의 자원을 그나마 소진하였다. 재야의 분열은 김대중에 대한 지지와 밀접히 관련되어 있었는데, 이는 동시에 민주화의 방법과도 관련되어 있었다. 그 방법은 제도 정치를 중심으로 민주화를 이루고자 한 온건론자들과 학생, 재야 운동에 더 비중을 둔 강경론자들의 차이를 보였다. 전자는 주로 교수, 성직자, 정치인들로 구성되었고, 후자는 학생 운동 출신의 젊은 세대로 구성되었다. 전자는 신민당 주도의 제도적 개혁을, 후자는 대중 동원을 통한 민주화를 주장하였다.

신군부 세력은 학생들의 대규모 시위를 구실로 권력 장악을 위한 본격 행동에 착수하였다. 그들은 5월 17일 제주도로 비상계엄을 확대하였다. 국회를 해산하고 모든 정치 활동을 금지했으며 대학도 폐쇄하였다. 주요 대학 학생회 간부 전원에 대한 검거령을 내렸으며, 김대중을 대중 선동과 민중 봉기와 정부 전복을 기도했다는 이유로 체포하였다. 이에 광주를 중심으로 김대중 지지 세력들이 시위를 벌이자 신군부는 공수부대를 동원하여 이를 무자비하게 진압하였다. 이에 분노한 시민들이 무장하여 계엄군과 총격전을 벌였다. 뒤이어 시청에서의 마지막 대결로 이어지는 극한투쟁이 벌어졌다. 그러나 폭력 투쟁을 선택한 이상 시민은 군부의 적수가 될 수 없었고, 그 결과 수백 명의 목숨이 희생되었다 정확한 희생자의 숫자는 밝히기가 불가능하다. 대한민국 역사에서 한 획을 그은 비극이었다.

광주에서 승리한 신군부는 더 나아가 김대중과 주요 재야 인사들, 그리고 광주 항쟁 관련자들을 내란 기도 혐의로 구속하였다. 동시에 김영삼을 가택 연금하여 정계 은퇴 선언을 받아 내었고, 김종필, 이후락, 박종규 등 구 여권 인사들을 부정 축재 혐의로 공직에서 사퇴하게 하였다. 이후 수많은 공무원, 언론인, 교수, 국공영 기업체 직원이 일자리를 잃었다. 또 과외 금지 등 교육 개혁을 단행하고, 172개 정기 간행물들의 등록을 취소하였다. 불량배 소탕을 앞세워 3만여 명을 체포하고 이들 중 많은 수를 삼청교육대로 보냈다. 이들 가운데에는 억울하게 붙잡힌 선량한 시민들도 많았다. 삼청교육대에서의 가혹 행위로 많은 사람이 목숨을 잃기도 하였다. 이러한 작업들을 맡은 기구는 5월 31일 구성된 국가보위비상대책위원회국보위였다. 이렇게 하여 신군부의 집권은 기정사실이 되었고, 8월 16

일 최규하 대통령이 잔여 임기를 채우지 못하고 하야함으로써 전두환 정권의 공식 출범이 가능하게 되었다.

2.

잉여 군사 정권:

전두환 정권의 성격

|

전두환 정부는 태어나서는 안 될 정부였다. 국민에게만 아니라 전두환 자신에게도 그랬다. 국민들은 민주화를 최소한 7년 동안 빼앗기며 독재의 서슬 아래에서 고통을 받았고, 전두환 자신도 집권 뒤 얼마 되지 않아서부터 거센 저항에 직면하였을 뿐 아니라, 퇴진한 뒤에도 백담사로 귀양 가는 등 수모를 겪었다. 그뿐 아니라 민주화된 뒤 지금까지도 과거의 잘못에 대해 국민들의 비판이 지속되어 역사의 죄인이 되고 말았다. 한순간의 영화가 남은 생애와 역사의 치욕을 대가로 요구한 셈이다. 군사 정권의 자연 수명이 쇠진한 상태에서 억지로 이를 연장한 결과였다. 이런 뜻에서 전두환 정권은 '잉여' 군사 정권이었다.

정치적 통제

1980년 8월 이미 대장으로 승진해 있던 전두환 국보위 상임위원장은 퇴역하여 통일주체국민회의의 선출로 제11대 대통령에 당선되었다. 무력으로 집권한 정부가 모두 그렇듯이 전두환 정부도 정치적 숙청으로 권력을 확보하고 개혁의 몸짓으로 집권의 정당성을 꾀하고자 하였다. 9월 17일 내란 음모 혐의로 김대중에게 사형을 선고했으며,* 11월에는 부패와 정치적 소요의 책임을 물어 수많은 정치인의 정치 활동을 금지하였다. 또 언론 기관들을 통폐합했고, 더 나아가 언론기본법을 제정하여 언론 통제를 강화하였다. 수백 명에 달하는 공직자들을 해직하고, 중앙정보부의 권력을 약화시켜 국가안전기획부안기부로 개칭하였다.

이렇게 하여 출범한 소위 제5공화국의 헌법은 유신 헌법을 약간 완화하기는 했으나 기본적으로 박정희와 유사한 권력을 대통령에게 부여하였다. 즉 대통령은 선거인단에 의한 간접 선거로 선출되고 국회해산권을 가지는 반면, 국회는 내각불신임권을 가지게 되었다. 국회는 3분의 2만 지역구에서 뽑고, 3분의 1은 전국구로 채우기로 하였다. 전국구 의석은 집권당에 큰 이득을 주도록 짜여졌다. 가장 눈에 띄는 조치는 대통령 임기를 7년 단임으로 못 박은 것이었다. 이는 실상 전두환이 내세울 수 있었던 유일한 정당성의 원천이었지만, 대다수 국민의 눈에는 매우 박약한 원천이었다.

집권 세력은 모든 정당을 해산한 후 여당민주정의당(민정당)과 야당민주한국당(민한당), 한국국민당(국민당)으로 대표들을 새로 구성하였다. 그러나 야당은 구성 자체를 안기부와 청와대가 담당하여 구정치인과 일부 지식인 중에서 순응적인 인사들을 발탁하였다. 따라서 정부에 대해 야당이 진정한 반대를 행사할 가능성은 처음부터 없었다. 이른바 관제 야당인 셈이었다. 여당인 민정당 또한 신군부 세력이

군부의 재집권과 전두환 정권

* 김대중은 이후 무기 징역, 20년 형으로 각각 감형되었다가 신병 치료차 미국으로 출국하였다.

실권을 장악하였다. 새 헌법에 따라 전두환 민정당 후보가 선거인
단의 90% 이상의 득표로 대통령으로 당선되어 1981년 3월 3일 제
12대 대통령으로 취임하였다. 이로써 본격적인 전두환 체제가 시작
되었다. 이렇게 통치의 제도적 장치를 확보한 신군부 세력은 1980
년에서 1983년에 이르는 동안 억압적인 통치를 지속하다가 1983
년 말부터 일종의 유화 정책을 펼치기 시작하였다. 이는 구체적으로
1984년 초의 대학 자율화 조치와 정치 피규제자 해금으로 나타났
다.[*] 집권 세력은 경제 호전과 통치의 안정에 자신감을 갖게 되었으
며, 다가올 1985년 총선에서 승리하여 이를 더욱 굳히고자 하였다.

정권의 성격과 저항

당시 국가와 민간 사회의 성격은 기본적으로 유신 체제와 동
일하였으며, 이를 심화시킨 것으로 볼 수 있다. 그러나 박정희 정부
와는 달리 전두환 정부는 자본가와 기술 관료의 전폭적 지지를 받지
는 못하였다. 이들은 자본주의 산업화가 고도화되어 감에 따라 권
위주의적 권력 남용이 경제적 합리성을 훼손한다고 느끼고 이를 불
만스러워하였다. 더구나 재벌 기업들은 새마을사업, 일해재단 건립
등을 위한 기금 모집에서 대표적으로 나타났던 과도한 준조세 요구
에도 불만을 품었다.[**] 재벌의 발언권과 영향력은 그동안의 경제 성
장을 통해 점차 커지고 있었으며, 국가의 일방적인 지시와 자본가의

---

[*] 정부는 1983년 12월 학원 사태와 관련하여 제적된 대학생 1,300여 명의 복교를 허용했고,
공안 사범 300여 명을 일반 사범들과 함께 사면, 복권하였다. 이듬해 2월에는 정치 활동 피규
제자 중 202명을 해금하였다.
[**] 일해는 전두환의 호인데, 그는 7년 임기가 끝나면 재단을 만들어 그것을 바탕으로 상왕 구
실을 하려는 야망을 가지고 있었다. 이를 위한 자금을 대기업들에 요구하였다.

복종이라는 구도가 조금씩 변하고 있었다.

국가 기구 내에서도 유신 때와는 달리 대통령이 개인적인 통치 체제를 구축하기는 어려웠다. 대통령이 군에 대한 통제력을 확보한 것은 사실이었지만, 군이 박정희하에서와 같은 단일하고 절대적인 충성을 지니고 있었던 것은 아니었다. 지배 세력 안에 전두환에 대한 정치적 도전이 없었던 것은 사실이었지만, 그들의 관계가 절대적인 충성-복종 또는 후원-피후원의 관계였다고 말하기는 어렵다. 이런 의미에서 전두환 정권은 박정희 정권과 같이 개인적 정권 또는 일인 지배 체제라고 부르기는 어려웠다. 이러한 사실은 전 정권의 퇴진과 민주화 이행 과정에서 중요한 의미를 띤다. 즉 일인 지배 체제를 구축하지 못하였기 때문에 전두환의 퇴진은 이승만과 박정희의 몰락과 같은 극적인 사건이 필요하지 않고 덜 폭발적으로 이루어졌다. 특히 통치 말기에 이르러서는, 정치권력이 대통령에 의해 독점되지 않고 집권 세력의 강온파 사이에 어느 정도 나누어져 있었기 때문에, 국민의 민주화 요구에 대한 대응에서 집권 세력 내부의 의견 차이와 분열이 중요한 몫을 차지하였다.

유신 체제의 선포 때와는 달리 전 정권에 대한 학생들의 반발은 즉각적이었다. 유신 체제가 보인 효율적인 정치적 억압과 국민의 공포감은 더 이상 존재하지 않았다. 당시의 학생 운동은 이전과는 근본적으로 달라졌다. 이념적으로 급진화되었고, 대학별 연대와 상하부 조직의 체계화를 통해 조직적으로 크게 성장했으며, 행동이 과격해졌고, 반미 운동이 태동하였다. 학생 운동은 전국학생총연합전학련과 그 전위조직인 민족통일 민주쟁취 민중해방 투쟁위원회삼민투가 주도하였다. 이들은 1984년 11월 민정당사를, 이듬해 5월 서울의 미국 문화원을 점거하여 정가에 충격을 주었다. 이들 조직은 1986년에 반제 반파쇼 민족민주 투쟁위원회민민투, 반미자주화 반파쇼민주화 투쟁위원회자민투로 대체되면서 더욱 과격해졌다. 이들은 이후 각각 이른바 PD민중민주주의. People's Democracy파와 NL민족해방. National Liberation파의 모태가 되었다. 이해 들어 반미 운동과 반전 반핵 운동이 본격화되었고, 공개적인 분신자살 등 극단적 행동이 속출하였다. 학생 운동은 1986년 전국반외세반독재 애국학생투쟁연합애학투 발족식 후 일어난 건국대 사태*로 잠시 침체하였으나, 1987년 6·29선언 이후 8월 19일 전국대학생대표자협의회전대협를 결성하고 통일된 운동의 활기를 되찾았다. 재야 운동권 또한 학생에 비해 늦게 활동을 시작했으나, 1983~1984년 이후 기층 민중에로 기반을 확대하였다. 재야 운동 역시 이전에 비해 전투성과 이념적 급진성이 고조되었다. 노동 운동도 큰 변화를 보였다. 추방된 전직 노조 지도자들과 학생 출신 노동자들이 주도한 비제도권 노동 운동이 등장했고, 이에 따라 노사 분규가 급증하였다.

　　운동권이 보인 이념적 급진화는 특별한 관심을 불러일으킨다. 이러한 이념적 급진화의 배경에는 광주 항쟁의 비극이 뿌리박고 있었다. 이 비극은 운동권에 기존 체제를 유지하는 한 민주화와 사회 정의는 실현되기 어렵다는 믿음과 이러한 '파쇼' 체제의 배후에

---

* 10월 말 애학투 발족식 후 경찰에 밀린 26개 대학 학생들은 건국대에서 철야 농성을 벌였고, 경찰은 1,200명 이상의 농성 학생 전원을 연행하였다. 이 사건은 시위와 진압의 대규모성과 폭력성으로 국민들에게 충격을 주었다.

미국이 있다는 신념을 강화시킨 결정적인 계기가 되었다. 여기에는 종속이론과 다양한 종류의 마르크스주의적 혁명 이론들의 폭발적인 유입이 이론적 기초를 제공하였다. 그 결과 미국 문화원에 대한 일련의 공격으로 상징된 반미 운동이 나타났고, 사회 변혁을 위한 민중 민주주의의 이론적 논쟁들이 활발해졌다. 이런 이론적 논쟁들은 특히 학생 운동권 내부의 노선 투쟁으로 나타났는데, 이는 특히 1980년대 중반 이후의 삼민투, 민민투, 자민투 등의 조직으로 나타났다.

3.
민주화의 정치 동학

|

1985년은 전두환 정권에 대항한 민주화 운동이 본격화되고 새로운 정치 역학이 시작되는 분수령이었다. 당시 일어난 민주화의 정치 동학에서 가장 두드러진 특징은 국가와 민간 사회 사이, 그리고 정부·여당과 야당 세력 사이에 복합적으로 이루어진 힘겨룸이 팽팽한 긴장 관계를 유지하였다는 점이었다. 대한민국 정치사에서 처음이었던 이러한 상황은 양측의 정치적 선택에 의한 구체적인 전략 전술이 정치 변동 과정에서 중요한 역할을 담당하게 만들었다. 이러한 힘의 교착 상태는 양측이 모두 정치적 전략을 둘러싸고 분열한 원인이 되었고, 민주화의 과정과 결과를 예측하기 힘들게 만들었다. 국가 내의 강경파는 4·13호헌조치로써 치명적인 실수를 범하였으나, 이후 이어진 저항 세력의 격렬한 반발 속에서 득세한 온건

파가 6 · 29선언으로 민주화의 방향을 자신에게 유리하게 이끌었다. 그 반면, 저항 세력은 호헌조치에 반대한 전 국민적인 6월 투쟁으로 힘의 우위를 점하고 6 · 29 '항복'을 받아 내었으나, 이후 돌이킬 수 없는 분열로 정권 획득에 실패하고 말았다.

신한민주당 창당과 개헌 협상

1985년 2월 12일의 제12대 국회의원 선거가 민주화 과정의 중요한 분수령이 되었다. 총선을 한 달 앞둔 1월 18일 전 해에 결성되었던 민주화추진협의회 민추협를 모체로 하여 신한민주당 신민당이 창설되었다. 총선 결과 민정당은 제1당의 자리를 유지하기는 하였으나 실질적으로는 충격적인 패배를 맛보았다. 신한민주당이 대도시에서 압승을 거두고 제1 야당으로 부상하였다. 이러한 결과는 전두환 정권의 정당성에 대한 국민의 불신 외에도 장영자 사건 등 계속된 부정부패 추문에 대한 국민의 불만, 그리고 궁극적으로는 정치적 민주화를 바라는 국민들의 열망을 대변하고 있었다. 또 선거를 며칠 앞둔 2월 8일 김대중이 정부 허락으로 미국에서 귀국하여 신한민주당의 열풍에 불을 질렀다. 총선 이후의 정치 쟁점은 자연히 전두환 대통령의 임기 만료를 전제로 한 헌법 개정에 맞추어지게 되었다. 그러나 집권 여당은 여전히 신민당을 개헌 협상 당사자로 받아들이려고 하지 않았다. 국회 안에서의 개헌 활동에 한계를 느낀 신민당은 1986년 2월 12일 민추협과 함께 1천만 개헌 운동을 시작함으로써 장외 정치로 전환하였다. 이후 정치적 저항이 정치 사회와 민간 사회의 공동보조로 이루어지게 되었고, 그만큼 지배 세력에 대한 도전이 거세어졌다. 그 결과 마침내 여야 간에 개헌을 위한 협상이 시작되었다.

국회는 6월 24일 헌법 개정 특위를 설치하고 논의를 시작하였다. 그러나 여야는 개헌의 내용과 시기에 관해 대립하였다. 집권 세력은 내각제를 주장하였는데, 그것은 전두환 대통령이 물러나더라도 내각제를 통해 민정당이 국회에서 다수 의석을 차지하면 정치 권력을 계속 장악할 수 있다는 간단한 계산 때문이었다. 그 반면 대통령 직선제를 채택할 경우 김대중과 김영삼이라는 대중적 지도자들의 존재 때문에 선거전에서 패배할 가능성이 있었다. 한편 야당 인사들은 대통령 직선제 개헌을 겉으로 내세웠으나, 한편으로는 내각제에 상당한 매력을 느낀 세력도 있었다. 이러한 교착 상태에서 두 김씨를 대리하여 신민당을 위임 통치하던 협상파 이민우 총재는 1986년 12월 24일 자신이 제시한 민주화 조치들 양심수 석방, 언론 자유 보장, 김대중 복권 등 7개 항이 받아들여지면 내각제 개헌을 수용하겠다는 소위 '이민우 구상'을 타협안으로 발표하였다. 그러나 신민당의 실세이면서 강경 노선을 견지하던 두 김씨는 이를 수용하지 않았고, 오히려 신민당 탈당을 선언하고 통일민주당을 창당함으로써 신민당을 와해시켰다. 이로써 야당 내 타협 세력은 정치 투쟁의 핵심에서 사라지고 정국은 강경 투쟁으로 내달았다. 그러자 전두환은 1987년 이른바 4·13호헌조치로 대응하였다. 이 조치는 당시까지 진행되던 모든 개헌 논의를 올림픽 이후로 미루고 연내에 현행 헌법으로 대통령 선거를 실시하여 정부를 이양할 것을 골자로 하고 있었다. 이 조치와 함께 집권 세력은 정치적 탄압을 재개하여 김대중을 가택 연금했으며 야당 의원을 구속하고 폭력배들을 동원하여 통일민주당의 창당을 방해하였다. 그러나 이러한 방해 공작에도 불구하고 통일민주당은 5월 1일 창당식을 열었다.

6월봉기와 6·29선언

6월에 들어서자 대통령 직선제를 요구하는 국민의 목소리가 드세어졌다. '호헌 철폐, 독재 타도'의 구호로 시작된 6월봉기는 당시까지 교착 상태에 있던 호헌 세력과 개헌 세력 사이의 힘겨룸을 근본적으로 바꾸어 놓았다. 6월봉기의 촉매는 1987년 5월 18일 박종철 고문치사 사건을 천주교정의구현사제단이 폭로한 일이었다. 당시 서울대학교에 재학 중이던 박종철은 1987년 1월 치안본부 대공수사단에 연행되어 조사받던 중 물 고문으로 숨졌다. 경찰과 정부는 이를 은폐하려 하였으나 뒤늦게 폭로됨으로써 정국에는 파란이 일었다. 이를 계기로 전 국민적인 민주화 투쟁이 벌어졌다. 이러한 대중적 투쟁의 열기는 이전과는 달리 조직적 토대를 갖춤으로써 한층 강력해졌다. 반전반핵 운동, 부천서 성고문 사건 규탄,[*] KBS 시청료 거부 운동을 벌이고 4·13조치 이후 호헌 철폐 투쟁을 확산시키던 학생, 성직자, 지식인 및 일반 시민들은 5월 27일 범민주 연대기구인 민주헌법쟁취 국민운동본부^{국민운동본부}의 결성을 계기로 저

---

[*] 시국 사건으로 부천 경찰서에서 신문을 받던 여대생 권인숙은 취조하던 문귀동 형사에 의해 성추행을 당하였다. 1986년 7월 이 사건이 공개되자 즉각 항의 운동이 일었다. 이는 전두환 정권의 도덕성에 또 하나의 타격을 안겼고 민주화 운동을 더욱 촉발시켰다.

항 운동의 구심체를 갖게 되었다.

이 기구가 주도한 6월 10일의 전 국민 대회는 전국 22개 지역에서 24만의 시민을 모았고, 18일에는 150만의 인파가 전국 주요 도시에서 시위를 벌였다. 당시까지 침묵을 지키던 도시 중간 계급도 민주화 운동에 적극 동참하였다. 경찰력으로는 진압이 불가능하게 된 상황에서 국가는 군 동원을 고려하였으나 불발로 그치고 말았다. 군 지도자들이 사태의 책임을 지는 것을 원하지 않았고, 정부로서는 미국 정부의 반대 입장을 고려하지 않을 수 없었으며, 이듬해 가을로 예정된 올림픽을 성공적으로 치러야 하였기 때문이었다. 4·19 당시와 비슷하게 국가가 강한 도전 속에서도 가장 강력한 힘의 자원을 쓰지 못하였다.

교착 상태를 타결하기 위해 6월 24일 전두환 대통령과 김영삼 총재 사이에 청와대 회담이 열렸으나 합의에 실패하였다. 통일민주당과 국민운동본부는 영수회담이 결렬되었다고 판단하고 26일 대규모 국민평화대행진을 강행하였다. 이런 상황에서 6월 10일 민정당의 차기 대통령 후보로 선출된 노태우는 내외신 특별 기자회견을 통해 소위 6·29선언을 발표하였다. 이 선언의 골자는 야당과 일반 국민이 요구한 핵심 사항이었던 대통령 직선제 개헌을 받아들이고 연내 대통령 선거를 통해 이듬해 2월 중 정부를 이양한다는 것이었다. 이러한 타협안 제시는 물론 민주화를 요구한 국민적 공세에 밀려 나온 것이었다. 그러나 여기에는 대통령 직선 경쟁에서도 양 김씨의 분열로 여당 후보인 자신이 승리할 수 있다는 계산이 깔려 있었다. 이로써 거리의 정치는 일단 제도권으로 들어왔다. 그 결과 헌법 개정 작업이 가속되어 10월 27일 여야 합의에 의한 헌법 개정 안이 국민 투표를 통과하여 확정되었다. 그 핵심은 정부 형태로 국민 직선의 대통령제를 채택하고 대통령의 임기를 5년 단임으로 국한한다는 것이었다.

선거 국면

그러나 이어 열린 대통령 선거에서 야당 세력은 패배하고 말았다. 민주화 세력의 분열이 민주화의 한계를 결정지었다. 집권 세력의 선거 자원이 우세한 현실에서 분열된 저항 세력과 단합된 집권 세력의 대결은 그 결과를 예측할 수 있었다. 1960년대 이래, 아니 건국 이래 한국에서 집권당이 총유권자의 3분의 1 이상의 표를 동원할 수 있다는 것은 상식이었다. 단지 두 김씨와 그 지지자들은 분열된 채로, 혹은 심지어 분열되어야만 자신이 선거에서 승리할 수 있다는 일종의 집단적 자기 최면에 걸려 있었던 것으로 보인다.

야권의 분열 요인은 여러 가지였다. 첫째, 그것은 정치권력을 둘러싼 정치권 내, 즉 두 김씨 간의 개인적, 파당적 투쟁의 결과였다. 둘째, 한국의 구조적 갈등 요인인 지역 대결_{영남 대 호남, 혹은 대구 · 부산, 광주의 대결}의 소산이었다. 셋째, 그것은 힘겨룸의 쟁점으로서의 군사권위주의 대 민주주의의 대결에 보수주의와 급진주의의 경쟁이 중첩된, 민주주의의 본질적 개념에 관련된 갈등이었다. 이 세 요소들은 모두 밀접히 관련되어 있었다. 그런데 그 가운데 어느 것이 가장 중요하였을까? 민주화의 방향을 둘러싼 이념 차이는 두 김씨의 분열에 결정적이지 않았다. 당시 민주화의 방향을 둘러싸고 이념 차이가 어느 정도 존재하였던 것은 사실이지만 선거전에 미친 영향은 개인적, 지역적 갈등이 이념 갈등보다 더 컸다. 두 사람에게 이념과 계급 토대의 차이가 있기는 하였지만 그 차이는 크지 않았다. 김대중이 기층 민중을 좀 더 의식하는 진보적인 경향을 보이기는 하였지만, 둘은 모두 학생 운동권이나 재야 세력과는 달리 급진주의와는 거리가 먼 자유민주주의 세력이었다. 분열의 가장 큰 원인은 1979~1980년과 마찬가지로 정치권력의 욕구였다. 여기에 지역감정이 덧붙여짐으로써 분열이 증폭되었다. 두 김씨가 기반한 호남과 영남의 지역감정이 1987년의 대선 과정을 통해 본격화되었다. 지역주의는 이후 민주화된 한국 정치에서 가장 중요한 힘겨룸의 토대로 자리 잡게 되었다.

　　학생과 재야도 두 김씨에 대한 지지와 민주화의 방향을 놓고 분열되었다. 대다수 재야·학생 단체들은 김대중을 '비판적으로 지지'했고, 다른 일련의 비판적 지식인들은 결과적으로 김영삼을 지지하게 되는 '후보 단일화'를 주장하였다. 더 급진적인 부류는 독자적인 민중 후보 옹립을 주장하였다. 후보 단일화 협상은 양 김이 모두 대통령 후보가 될 것을 전제로 한 협상이었기 때문에 처음부터 성공 가능성이 희박하였다. 후보 단일화 협상이 난항을 거듭하자 10월 28일 김대중은 대통령 출마를 공식 선언하고 통일민주당을 탈당하여 평화민주당을 창당하였다. 이로써 대통령 선거전은 민정당의 노태우, 통일민주당의 김영삼, 평화민주당의 김대중, 그리고 신민주공화당을 창당한 김종필의 4파전으로 전개되었다.

선거 운동 기간은 악화된 지역감정과 혼탁한 선거 분위기로 얼룩졌다. 특히 지역감정의 악화는 심각하였다. 비단 집권 세력과 저항의 상징인 김대중이 각각 기반을 둔 경북, 전남 지역 간의 대립뿐 아니라, 후보 분열로 인해 두 김씨에 대한 상대 지역에서의 악감정 또한 심화되었다. 박정희 정권이 초래한 지역 불균형 발전과 인사 편중 때문에 구조적으로 악화된 지역감정이 민주화의 선거전에서 더욱 증폭되어 폭발하였다. 이는 여야를 막론하고 정치인들이 정치권력을 획득하기 위해 고의로 부추긴 결과였다. 이런 지역감정은 그 뒤 오랫동안 한국 정치의 최대 문제점으로 부각되었다. 선거 결과는 노태우 36.6%, 김영삼 28.0%, 김대중 27.1%, 김종필 8.1%의 득표로 나타났다. 어느 누구도 확고한 국민의 지지를 받지 못하였다. 후보의 숫자와 성격으로 볼 때 예상할 수 있었던 결과였다.*

두 김씨의 분열은 군부 출신 인사의 계속 집권을 저지하지 못한 가장 큰 원인으로 지목되어 왔다. 그들의 분열로 노태우의 당선이 거의 보장된 것이나 다름없었기 때문이다. 그런데 여기서 한 가지 의문이 떠오른다. 그러면 두 김씨 중 한 사람으로 대통령 후보가 단일화되었더라면 반드시 이들 가운데 한 사람이 당선되었을까? 많은 사람이 그렇다고 대답할 유혹을 느끼겠지만, 다시 생각하면 반드시 그렇지는 않은 것 같다. 실제로 김대중으로 단일화되었더라면 노태우에게 질 가능성이 많았으며, 김영삼으로 단일화되었더라도

---

* 정부는 선거 한 달 전인 11월 29일 김현희의 대한항공기 폭파 사건을 발표하여 노태우 후보에게 큰 도움을 주었다. 선거전에서 반공 이념을 동원한 대표적인 사례다.

가상 득표율 차이가 매우 적었다.[*] 유권자들의 다수가 민주화를 원하면서도 동시에 급진적 변화나 혼란을 원하지 않는 보수적인 성향을 보였기 때문이다. 이와 관련하여, 노태우가 아니라 김영삼이나 김대중이 당선되었더라면 민주화가 더 앞당겨졌을 것인지도 돌아볼 필요가 있다. 지금까지 학계나 일반인들은 대체로 노태우의 당선으로 민주화가 5년 지연된 것으로 생각해 왔다. 그렇지만 그것이 정말일까? 그때 두 김씨 가운데 한 사람이 당선되었더라면 반드시 민주화가 5년 더 앞당겨졌을까? 반드시 자신할 수는 없다. 만약 그렇게 되었더라면 민주화와는 다른 민간화는 앞당겨졌을지 몰라도 정치는 더 불안하게 되었을 가능성이 높다. 군의 동요와 이에 따른 정치 혼란은 더 컸을 가능성이 높다. 불안은 둘째 치더라도, 김영삼이 당선되었더라도 노태우보다 더 급진적인 민주화 정책을 펼치기는 어려웠을 것이다. 따라서 그 당시의 민주화 열망으로 볼 때 미흡하였던 것은 사실이었지만, 노태우 당선이 지나고 생각해 보면 반드시 나쁜 결과였다고만 할 수는 없다. 노태우가 쿠데타 주역이기는 하였지만 민주화 과정을 이행한 것 또한 사실이기 때문이다. 이렇게 보면 양김 분열의 죄는 민주화 지연보다는 오히려 지역주의를 폭발시킨 데서 찾아야 할지 모른다. 물론 지역주의의 근원은 박정희 통치에 있었지만, 그것이 폭발한 것은 당시 두 김씨의 분열과 밀접히 관련되었기 때문이다. 두 김씨 가운데 한 사람이 노태우와 대결하였다면 지역주의가 나타났더라도 적어도 실제 나타난 것보다는 덜하지 않았을까 한다.

* 이갑윤, 『한국의 선거와 지역주의』(서울: 오름, 1998), 155쪽.

노태우 정부와 민주주의의 부활

1987년의 헌법 개정으로 한국 민주주의는 다시 살아났다. 한국 민주주의는 노태우 정부 출범과 함께 되돌아왔다고 할 수 있다.

1.
민주화의 과도기

1988년 2월 공식 출범한 노태우 정부는 권위주의에서 민주주의로, 그리고 군사 정권에서 민간 정권으로 이행하는 과도기적 성격을 지닌 정부였다. 노 정부의 출범으로 한국 정치는 처음으로 선거를 통한 정권 변환을 경험하게 되었다. 한국 정치는 민주 절차를 회복하여 의회와 정당 정치가 활성화되었다. 언론, 집회, 결사의 기본적인 자유도 상당히 보장되었으며, 자의적인 체포와 구금 등 인권 침해도 크게 줄어들었다. 대통령 직선제가 정착되어 국민이 비교적 공정한 절차를 통해 직접 대통령을 선출할 수 있게 되었다. 전두환 정권에서 7년으로 규정한 대통령 임기를 5년으로 낮추어 장기 집권의 우려를 더 확실하게 없앴다.

그러나 여전히 문제는 남았다. 대표적으로 세 가지 문제가 있었는데, 하나는 노태우 자신이 군부 출신이었고 국가와 집권 세력 안에 권위주의 잔존 세력이 많았다는 점이다. 따라서 정치의 민간화, 민주화는 한계가 있을 수밖에 없었으며, 전체적인 정치, 사회 체제가 보수적 성격을 띨 수밖에 없었다. 또 정국의 3파전 속에서 지역 붕당 체제가 탄생하여, 정부 여당은 '여소야대' 구도에서 정국을 장악할 수 없었고 이에 따른 당파 싸움이 고조되었다. 노태우는 대통령 선거에서 3분의 1을 조금 넘는 지지밖에 받지 못하였고, 이에 비해 반대 세력의 득표가 3분의 2를 차지한 구도는, 그에게 커다란 정치적 부담을 안겨 줄 수밖에 없었다. 또 바로 이러한 구도가 노태우로 하여금 미흡하나마 민주 절차의 확립과 사회 개혁의 노력을 기울이게 하였다. 근본적으로 민주화 세력이 노태우의 집권을 민주화의 한 과정으로 인정하지 않았기 때문에 큰 정치적 도전과 혼란에 직면하지 않을 수 없었다. 그래서 노태우 집권 5년 동안 매우 시끄럽고 혼란스러운 정국이 계속되었다.

민주화의 한계는 뚜렷하였다. 국가와 민간 사회의 성격 및 양자 간의 관계가 거의 그대로 지속되었고, 지배 세력의 성격 또한 과거와 똑같이 유지되었다. 반공적인 신흥 자본주의 국가의 본질적인 성격이 지속되었으며, 사회 세력들은 성장했으나 아직도 국가의 보수적 이념과 강압력을 극복하고 자신의 요구를 관철하기에는 힘이 부족하였다. 특히 1990년대 들면서 강화된 국가의 이념적, 물리적 공세로 민간 사회는 다시 위축되었다. 정치권은 본질적으로 보수적인 성격을 유지하여 급진 사회 세력들의 정치적 요구를 수용하지 못하였을 뿐 아니라, 민주주의의 정착에 필수적인 지도력을 발휘하지 못하여 한국 민주주의 정착에 어두운 그림자를 드리웠다. 노태우 대통령은 우유부단한 지도력을 보여 과도기의 혼란을 적절히 제어하지 못하였다. 이전 정권들의 특징이었던 일인 지배 구조와는 완전히 다른 면모였다. 일인 지배의 구조는 여당이 아니라 오히려 야당들에서 계승하였다. 이승만과 박정희의 일인 지배를 후임 집권자가 계승하지 않고 민주 투사로 알려진 야당 지도자들이 계승하였다는 사실은 역설이라면 재미있는 역설이었다.

2.
시민 사회의 분출과
국가의 보수 회귀

'개량 국면'과 시민 사회의 분출

학생과 재야 세력의 급진 운동은 노태우 정부 출범 이후 침체에 빠졌다. 학생과 재야 운동권은 민주화 운동의 와중에서 한때 엄청난 힘을 과시했으나, 6·29선언 이후 적절한 노선 전환을 하지 못하였고, 노 정부의 출범을 계기로 한 '개량 국면'의 도래로 정치적 입지가 약화되었다. 학생 운동과 재야 세력의 힘이 빠진 것은 근본적으로 정치 민주화의 목표가 일단 달성되었기 때문이었다. 이렇게 되자 자유민주주의적 절차의 수립에 투쟁의 목표를 맞춘 제도권 정당들과 다수 국민은 운동권의 급진적인 투쟁 노선에 냉담한 반응을 보였다. 정치적으로 소수화된 급진 세력은 두 가지 난관에 봉착하였다. 하나는 민주화 이슈로 국민들의 지지를 더 이상 끌어내기 어렵게 된 상황에서 어떠한 쟁점으로 급진적 개혁의 에너지를 분출할 것인가에 관한 것이었고, 다른 하나는 혁명적 변혁의 목표가 달성되기 어렵게 된 상황에서 제도권 정치에 참여할 것인가 말 것인가의 문제였다. 재야 세력은 민주화에서 통일로 투쟁의 초점을 이동시킴으로써 첫 번째 문제를 해결하려고 하였으나, 그 결과가 성공적이지만은 않았다. 더구나 두 번째 문제는 체제 참여파와 불참여파로 재야 세력을 분리시킴으로써 정치적 영향력을 더 약화시켰다.

　　노 정권 출범 후 지리멸렬하던 학생 운동은 통일 문제에서 활로를 되찾았다. 이는 4·19 직후를 방불케 했으나, 그 열기와 급진성은 그것을 훨씬 능가하였다. 학생과 재야 세력들은 미군 철수, 한반도 비핵지대화, 휴전협정의 평화협정으로의 대체, 남북한 불가침협정 체결, 연방제 통일 등 북한 당국과 비슷한 구호를 내걸고 노태우 정권 타도와 민중 주체에 의한 조국 통일의 조속한 실현을 부르짖었다. 1988년 6월 10일과 8월 15일에 전대협 주도로 학생들은 평양행을 기도하고 판문점에서 농성하였다. 이러한 시도들은 국가의 저지에 밀려 무산되기는 했으나, 궁극적으로는 정부가 '북방 정책'을 적극 추진하고 통일 문제에 대해서도 적극적인 자세로 나오게 하는 데 큰 압력으로 작용하였다. 재야 세력은 1989년 1월 21일 전국민족민주운동연합^{전민련}을 발족시킴으로써 세를 과시하였다. 그러나 이 단체는 곧 조직과 실천 면에서 한계에 봉착하여 의미 있는 행동을 보이지 못했으며, 노선상의 분열로 일부는 기존 야당인 평화민주당^{평민당}과 통일민주당으로 흡수되고 다른 일부는 진보정당인 민중당을 창당하였다.

　　6·29선언 이후 노동 운동은 규모나 치열성, 이념적인 면에서 일대 폭발을 보였다. 1987년 10월 이후 1989년 말까지 약 5,000

개의 신규 노조가 결성되고 조합원 수는 105만 명에서 194만 명으로 급증하였다. 노조의 조직률 또한 15.7%에서 19.8%로 급증하였다.[*] 또 1987년 중반 이후 민주 노조들이 설립되었고, 1990년 1월 22일의 전국노동조합협의회 전노협 의 결성으로 노동 조직화가 절정에 달하였다. 전노협은 근본적으로 현실 변혁을 통한 노동 해방을 궁극 목표로 삼았다.[**] 1989년 4월 현재 600개 단위 노조에 20만 명의 조합원을 거느렸던 이 조직은 한국노동조합총연맹 한국노총 의 보수적인 정책에 반대하여 대규모 노사 분규를 주도하였다. 이 조직은 1990년 6월 재야의 제도권 참여파 인사들이 결성한 민중당에 참여하기로 하는 등 노동자 계급의 정치 세력화를 통해 경제 투쟁뿐 아니라 정치 투쟁도 병행할 것을 목표로 하였다. 이러한 활성적인 노동 운동의 결과 노동자의 임금과 근로 조건이 크게 향상되었다. 정부는 1987년 11월의 노동법 개정 후 자주적인 노조 운동을 인정하고 노사 분규에 대한 개입을 자제하였다. 또 3자 개입 방지 등을 통해 급진적인 노동 운동의 무력화에의 직접적인 개입을 국한시키고, 되도록이면 노사 간 타협을 통한 문제 해결을 도모하려고 하였다.

국가의 강경 선회와 급진 운동의 쇠퇴

학생과 재야의 급진적 통일 운동과 반정부 투쟁은 1989년 3월 25일 문익환 목사의 밀입북과 김일성 면담, 5월의 동의대 사건 시위하던 동의대학교 학생들이 전경들을 불타 죽게 한 사건, 6월의 평민당 서경

---

[*] 김대환, "한국 노동 운동의 길: 점검과 모색",『계간 사상』(1990 가을호), 393쪽.
[**] 이강로, "한국에서 진보적 노동 운동의 성장과 민주주의 공고화의 진행: 1990-1999",『한국정치학회보』33:3(1999 가을호), 140쪽.

원 의원 간첩 사건, 6~8월의 임수경 밀입북 사건으로 크게 약화되었다. 이 사건들은 이듬해 초의 현대중공업 파업 사태와 더불어 '공안 정국'을 탄생시키는 데 결정적인 역할을 하였다. 이러한 일련의 사태를 계기로 국가는 강경 노선으로 돌아서서 이들을 구속하고 운동권을 탄압하기 시작하였다. 특히 문익환 목사의 밀입북을 계기로 검찰, 안기부, 보안사령부, 검찰 등으로 구성된 공안합동수사본부가 설치되어 이른바 좌경 급진 세력에 대한 강경 대응에 나섰다. 아울러 국가는 좌파 세력의 득세와 경제 위기에 따른 국가적 위기, 이른바 '총체적 위기'를 강조함으로써 강력한 이념 공세를 펼쳤다. 당시 일어났던 동유럽 사회주의의 몰락과 국민 일반의 보수적 회귀가 이러한 국가의 이념 공세에 큰 힘을 보태 주었다.

학생과 재야 세력들은 시위로 맞섰다. 학생 시위 사태는 1991년 4월의 강경대 군 피살 사건*을 계기로 진보적인 대중 조직들과 학생들의 연합 시위로 심화되었다. 이른바 '5월 투쟁'이었다. 그러나 이 소요는 중산층 및 언론과 야당을 포함한 정치 사회의 냉담함으로 별다른 성과를 거두지 못하였다. 뚜렷한 쟁점이나 대안이 없는 상태에서 '정권 타도'라는 막연하고 비현실적인 구호만으로는 운동의 구심점이 강하게 유지될 수 없었다. 이는 결국 민주 절차의 도입 이후 약화될 수밖에 없었던 급진적인 정치 운동의 한계를 드러낸 것이라고 할 수 있다. 그러나 급진 운동이 완전히 고개를 숙인 것은 아니었다. 이후 김영삼 정권 들어 1993년 4월 대학생들은 한국대학총학생회연합한총련을 결성하였다. 급진 학생 단체들은 조직이나

---

* 1991년 4월 26일 당시 명지대학교 학생이던 강경대는 같은 학교 총학생회장 석방을 위한 시위에 참여하던 중 사복 경찰관에게 폭행당하여 죽었다.

숫자가 크게 약화되었지만 여전히 과격 행동을 불사하였다. 그들은 주한 미군 철수, 핵무기 철거, 연방제 통일, 평화협정 체결, 국가보안법 폐지 등 통일 투쟁에 역점을 두었다. 세력을 잃은 학생 운동은 더 과격한 행동에 의존하게 되고 그것이 더 국민 지지를 잃게 만드는 악순환에 빠졌다. 남북한 대치 상황에서 주체사상까지 외친 학생 운동은 국민 정서와 점점 멀어졌다. 그리하여 1990년대 중반 들어 학생 운동은 급격히 쇠퇴하였다. 1991년 5월 투쟁이 학생 운동이 주도한 마지막 대중 투쟁이자 민주화 운동 사례였다고 할 수 있다.[*]

국가의 보수 강경 선회는 노동 정책에서도 여실히 나타났다. 정부는 민주 노조들을 불법으로 규정하여 노동 지도자들의 대량 구속에 나섰으며, 당시 진행되고 있던 노동 관계법 개정 논의를 중단하였다. 국가는 노동 운동의 활성화로 인한 한국 정치, 경제의 위기를 강조하여 특히 1990년 현대중공업 파업 사태 이후 '총체적 위기'라는 용어를 창조하였다. 이로써 이후 국가와 자본가가 단체 교섭의 흐름을 주도하게 되었고, 노동 운동은 1987년에 보인 활력을 잃고 침체를 겪게 되었다. 노태우 정부가 개혁을 표방하고 나오자 온건 민주화 세력의 상당 부분이 이에 동참하거나 최소한 묵종하게 되었고, 소수화된 급진 개혁 세력은 과격한 방법에 의존하거나 노선 수정을 강요당하게 되었다. 중간 계급과 대체로 이를 대변한 야당 정치인들은 원래 보수적 이념의 사람들로서 자유민주주의와 사회 경제적 안정을 원했고, 이 둘이 충돌할 때는 민주주의보다는 안정을 선택하였다.

---

[*] 전재호, "1991년 5월 투쟁과 한국 민주주의: 실패의 구조적 원인과 그 의미", 『한국정치학회보』 38:5(2004 겨울호), 169쪽.

3.

민주화의 한계

|

5공 청산과 민주 절차의 도입

노태우 정부의 출범으로 정치적 자유화는 달성되었다. 이전에 비해 자의적인 인신 구속과 정치적 억압이 줄어들었고 대표적인 악법들, 즉 언론기본법과 사회안전법이 폐지되고 국가보안법과 집회와 시위에 관한 법률 등이 개정되었다. 헌법재판소가 1988년 9월 개원하여 사법부의 위상이 제고되었다. 또 소위 '5공 청산'이 추진되어 과거 권위주의 세력과의 절연 노력이 어느 정도 성과를 보였다. 새마을운동중앙본부 비리로 전두환의 동생인 전경환이 구속되고 5공 실세들인 이희성, 정호용 등이 공직을 사퇴하였다. 5공 청산의 추진에는 여소야대라는 새로운 정국이 큰 영향을 주었다. 5공 청산은 여야 사이의 복잡한 이해관계가 걸리고 소위 5공과 6공 세력들 간의 알력이 개입된 복잡한 양상을 띠었다. 국회에 '제5공화국에 있어서의 권력형 비리 조사 특별위원회'통칭 5공 특위와 '광주민주화운동 진상조사특별위원회'통칭 광주 특위가 설치되어 소위 청문회 정국이 1988년 11월부터 시작되었다. 여야 협상을 통해 11월 23일 전두환이 대국민 사과 담화문을 발표하여 139억 원의 정치 자금을 국가에 헌납하기로 발표하고 백담사로 실질적인 귀양을 가게 되었다.

민주화의 여건은 이전보다 크게 향상되었다. 언론 자유와 공정한 선거 절차 등 시민권이 크게 확대되었다. 대통령 직선제와 단임제는 그대로 유지되었으나 임기가 5년으로 줄어들었다. 국회의원 선거는 소선거구제 4분의 3 의석 와 전국구 의원제 4분의 1 의석 가 도입되었다. 또 국회의 권한이 강화되어 국정감사권이 부활되었고, 대통령의 국회해산권이 없어졌다. 대법관과 새로 생긴 헌법재판소 소장의 임명 동의권을 국회가 가지게 되었다. 그리고 시, 도 단위에서 지방자치를 실시하게 되었다. 이때 확립된 체제가 지금까지의 한국 민주주의의 토대를 이루고 있다. 그래서 언론을 중심으로 이 체제를 '87년 체제'라고 부르기도 한다.

정당과 국회는 민주주의 정착을 위한 중요한 역할을 부여받았다. 한국의 정치 사회는 대통령 선거에서의 야당 분열과 정권 교체 실패로 권위주의와의 완전한 단절에 실패하였지만, 이어 있었던 제13대 국회의원 선거 결과가 민주주의 정착에 새로운 희망을 불러 일으켰다. 즉 야 3당의 의석수가 여당인 민정당의 의석을 능가하게 나타난 것이다. 민정당은 34%의 득표율로 과반수에 25석 못 미치는 125석 획득에 머물러 이른바 여소야대의 정국이 제헌의회 이래 처음으로 전개되었다. 제13대 총선에서의 쟁점은 겉으로는 민주화와 광주 학살, 부정과 비리 등 5공 권위주의 청산으로 나타났지만, 실제로 선거 결과에 가장 큰 영향을 미친 것은 지역주의였다.

지역주의의 대두와 여소야대 정국

지역주의가 한국의 국회의원 선거에서 전국적으로 나타난 것은 이때가 처음이었다. 지역주의 투표는 1980년에 이미 그 조짐이 나타났으나 1987년 대통령 선거전에서부터 본격화되었다. 민주 대 반민주의 힘겨룸이 약해진 조건 아래에서 지역 사이의 힘겨룸이 한국 정치의 전면에 나타나게 된 것인데, 직접적인 계기는 두 김씨 의 분열이었다. 그때 이미 지역에 근거한 일인 지배 지역 붕당 체제 의 싹이 텄다. 대통령제와 소선거구제로 짜인 선거 제도도 지역 기 반의 정당 균열에 유리하게 작용하였다.[*] 지역주의 투표 결과 형성 된 여소야대 정국은 여러 정당 사이의 타협을 요구하였다. 그래서 노태우 집권 당시의 여소야대 정부는 정국의 혼란을 불러오기도 했 지만, 거꾸로 민주주의 정착에 도움을 주기도 하였다. 노태우 정부 는 국정 운영에서 야당 세력들에 끌려 다니는 형국을 연출하기도 하 였고, 이러한 상황은 대통령 자신의 유약한 지도력 때문에 더 강화 되었다. 그러나 바로 이런 점 때문에 국회는 매우 활성화되었다. 반 면 여소야대를 일으켰던 지역 구도는 지역 패거리 붕당 정치를 정착 시켜 민주 발전에 장애를 초래하기도 하였다. 여소야대 정국이 민주 주의 발전에 좋은 영향과 나쁜 영향을 모두 주는 복합적인 상황이었 다. 이 여소야대 정국은 노무현 정부에서 열린우리당이 다수당이 될 때까지 2004년 제17대 국회의원 선거 잠깐 동안을 제외하고 계속되었다. 그 가장 큰 원인은 지역 분할 체제였다.

민자당 합당의 의미: 보수 대연합

이러한 여소야대 정국은 집권 세력에 위기감을 초래하였다. 그래서 집권 세력은 야당 일부와 연합하여 통치권을 강화하고자 하

---

* 이갑윤, 『한국의 선거와 지역주의』(서울: 오름, 1998), 132쪽.

였다. 집권 민정당은 김영삼이 이끄는 통일민주당 및 김종필의 신
공화당과 합당을 결의하여 총 218석의 거대 여당으로 변신하였다.
이른바 3당 합당이었다. 그렇게 하여 1990년 2월 9일 창당한 민주
자유당^{민자당}은 그 명분으로 지역 연고 중심의 4당 체제를 타파하
고 새로운 국제 정세의 변화에 대처하기 위한 정치적 재편성이 필요
함을 들었다. 그러나 이것이 각 당, 특히 그 지도자들의 권력 추구의
직접적 결과였다는 것은 명백하다. 4당 체제 타파는 알겠는데, 그것
이 국제 정세 변화와 무슨 관계가 있는지 아리송하였다. 민정당은
야당이 우세한 국회 현실을 타파하고 정치 주도권을 장악하기를 원
했고, 통일민주당의 김영삼은 4당 구조에서 정권을 잡기 힘들게 되
자 새로운 여당의 차기 대통령 후보로 나서려고 했으며, 공화당의
김종필은 제4당의 약한 지위에서 벗어나 집권 여당의 핵심 인물로
의 지위 상승을 꾀하였던 것이다. 여기에서 김대중이 이끈 평화민주
당이 제외되었는데, 이는 호남 지역의 소외를 의미하였다.

　　3당 합당을 종종 보수 대연합 시도로 해석하는데, 당사자들
의 의도가 어떠하였든 이를 보수 대연합으로 보기는 무리였다. 우선
당시 경쟁하였던 정당들이 모두 보수적이었는데, 이런 점은 합당에
서 제외된 김대중의 평민당 역시 마찬가지였다. 노태우 측은 오히려
김대중에게 먼저 연합을 제의하였다고 전해진다. 김대중은 명분상
응할 수 없었을 것이다. 특히 광주 학살을 상기하면 그럴 수 없었을
것이다. 3당 합당은 이념 분할 상태에서 보수 세력이 힘을 합친 것
이라기보다는 순수히 권력 장악을 위한 당파적 목적의 흥정이었다.

그것은 이념 연합이라기보다는 오히려 지역 연합에 더 가까운 것이었다. 하지만 그 역시 본질은 아니었다. 반호남 연합이라 볼 수도 있었겠지만, 원래 목적은 반호남이라기보다는 여당의 세 불리기라는 순수한 권력 다툼의 성격이 강하였다. 그 결과 역시 순수한 당파 싸움의 고조였다.

지역에 기초한 당파 싸움의 고조

여소야대 정국은 국회 활성화와 민주 정치의 정착 가능성을 높였지만, 그것이 민주화를 위한 국민의 선택이 아니라 지역주의의 결과였기 때문에 한국 정치에 새로운 문제를 던졌다. 지역주의가 역설적으로 행사하였던 민주화의 긍정적 기능은 3당 통합으로 끝나고 말았다. 지역주의는 이제 특정 지도자들을 중심으로 한 편협한 붕당 정치로 고착되어 한국의 정치 발전에 큰 장애 요인이 되었다.

1992년 3월 24일의 제14대 국회의원 선거에서는 정주영이 창당한 통일국민당이 호조를 보여 총 31석을 차지하였고, 민자당에 들어가지 않은 통일민주당 잔류파와 평민당이 통합하여 결성한 민주당이 97석을 얻어 제1야당이 되었다. 그러나 야당들은 지역적 한계를 보여 지지 기반이 각각 강원·경북, 그리고 서울·호남 지역에 국한되었다. 민주화를 쟁점으로 하였던 대립 구도가 3당 합당 후 지역주의 대결 구도로 바뀐 것이었다. 노태우 정부 출범 초기에 추진되던 개혁도 민자당 탄생과 함께 실종되어, 주요 개혁 법안들이 대부분 잠자다가 제13대 국회 임기가 끝나면서 자동 폐기되었다. 국회는 법안들의 날치기 통과, 야당의 물리적 저지, 평민당 김대중 총재와 의원들의 단식 투쟁 등 파행으로 얼룩졌다. 그러자 정부는 타협의 필요성을 느끼고 여야 협상을 통해 내각제 포기와 지방자치제 실시에 합의하게 되었다. 전체적으로 3당 합당 이전에 비해 국회는 침체하였다. 야당 역시 정파들 사이의 권력 싸움으로 진정한 대안 세력으로서의 모습을 보여 주지 못하였다. 이러한 정치력의 부재가 국민을 정치 전반과 정당 및 지도자에 대한 불신으로 몰아넣어, 당시 각종의 조사를 보면 각 정당에 대한 지지도는 여야를 막론하고 20%에 미치지 못한 반면 50% 이상의 응답자가 지지하는 정당이 없다고 대답하고 있는 실정이었다. *

한편, 민자당은 창당 당시부터 끊임없는 내분에 휩싸였다. 내각제 개헌, 지방자치제 실시, 선거구제 변경 등 중요한 정국 현안들이 국민의 이익이나 민주주의 가치보다는 각 정파의 이해관계에 따라 좌우되었고, 그 이해관계가 안정된 게임 규칙에 의해 조정되지 않았기 때문에, 당시의 정치는 치졸한 파쟁적 권력 다툼으로 일관하였다. 민자당 내분은 뿌리와 지지 기반이 다른 인맥 정당들의 합당에 따른 필연적인 결과였는데, 특히 당 안에서의 김영삼 위상을 둘러싸고 갈등이 본격화되었다. 노태우 대통령의 총애를 받고 민정계의 실력자로 행세하던 박철언 당시 정무장관은 당 대표 최고위원 김영삼을 견제하려고 했고, 이에 따라 김영삼은 두 차례나 당무를 거부하기도 하였다. 1990년 10월 박철언 측은 김영삼이 서명한 내각제 개헌 합의 각서를 언론에 공표하여 김영삼에 타격을 주려 하였

* 김석준, 『한국 자본주의 국가 위기론』(서울: 풀빛, 1991), 376쪽.

노태우 정부와 민주주의의 부활

다. 그러나 이에 김영삼이 크게 반발하였고, 오히려 박철언 장관이 퇴진하고 각서 유출의 책임을 지고 박준병 당 사무총장이 징계받았다. 김영삼의 승리였다. 김영삼이 3당 합당 때 비밀리에 했던 약속을 공개적으로 파기한 것이었지만, 당시의 세력 구도가 그것을 가능하게 하였다.

이후 후계 구도를 둘러싸고 정권 내 권력 투쟁이 계속되었다. 노재봉 국무총리와 박철언 체육청소년부 장관이 반김영삼 노선의 선두에 서서 내각제 개헌에 찬성하고 정치권의 물갈이를 주장하였다. 이에 대해 김영삼은 평민당의 김대중과 협력하여 내각제 개헌 반대와 소선거구제 고수 등에 합의하는 등 부자연스러운 여야 간 공동 전선을 형성하였다. 이후 강경대 군 피살 사건을 계기로 정권에 대한 국민의 비판이 높아진 가운데 노 총리가 퇴진하고 박철언이 사조직인 월계수회의 고문직을 사퇴함으로써 김영삼의 당내 권력이 공고해졌다.

1991년 하반기에는 차기 대통령 후보를 둘러싼 당내 갈등이 표면화되었다. 민자당은 명목상 자유 경선을 실시하였으나, 불공정 경선에 반발한 민정계의 단일 후보 이종찬이 탈당하는 등 잡음이 끊이지 않았다. 노 대통령은 공식적으로는 공정 관리를 표방했으나 실제로는 김영삼 대세론을 인정하였고, 대통령의 협조를 업은 김영삼은 당내 권력 투쟁에서 최후의 승리를 거두고 대통령 후보직을 따내었다. 민정계는 다수 의석을 기반으로 세대교체의 명분을 내걸고 당을 주도하려 하였으나, 김영삼에 필적할 만한 정치 지도자를 찾을 수 없었다. 이에 비해 민주계는 수는 적었으나 김영삼을 중심으로 단합하여 권력 투쟁에서 승리하였다. 김영삼의 승리에는 김윤환을 중심으로 한 민정계의 상당수 인사가 김영삼 지지로 돌아선 것이 큰 역할을 하였다. 이러한 세력 동맹에는 내각제 개헌에 비우호적인 국민 여론과 김영삼 대세론 혹은 대안 부재론이 큰 영향을 미쳤던 것으로 보인다.

제 8 장

민주화의 진전과 지역 붕당 체제

김영삼 정부와 김대중 정부

노태우 정부에서 시작된 민주화는 김영삼, 김대중 정부를 거치면서 심화되었다. 김영삼 정부는 군부의 정치적 중립을 확립함으로써 민간 민주주의의 기틀을 잡았고, 김대중 정부는 대한민국 역사상 처음으로 평화적 정권 교체를 통해 한국 민주주의를 정착시켰다. 그러나 한계도 있었다. 그 민주화는 대중의 적극적 참여나 분배 구조의 개선보다는 권력과 돈이 엘리트 중심으로 집중되는 보수적인 성격을 띠었다. 그런 상황이 계급들 사이, 또 계급과 국가 사이의 대결을 불러와 한국 정치는 혼란을 겪었다. 그뿐 아니라 흔히 '3김 정치'로 일컬어진 지역 붕당 체제가 확립되어 한국 정치는 지역주의와 '제왕적'인 일인 통치의 모습을 보였다. 김영삼 정부와 김대중 정부는 세세한 차이가 있으나 본질이 같기 때문에 여기서 하나의 장으로 묶는다.

1.

김영삼 정부:

민간화의 완성과 지역 붕당 체제의 확립

김영삼 정부의 특징은 정치권력의 민간화 완성과 지역 붕당 체제의 본격화로 볼 수 있다. 군 내 하나회를 해체하는 등 군정 유산을 청산한 것은 한국 정치사에 기록될 김영삼의 최대 치적이다. 그러나 동시에 그 시기에 지역 붕당 체제가 본격화된 것은 오점으로 남을 일이다. 그가 추진한 개혁 정책들도 대부분 흐지부지되거나 실패로 돌아갔다. 취임 직후 그는 조금 진보적인 빛깔을 보이기도 하였으나 이내 보수화되어 노태우 정권 때와 비슷해졌다. 그것은 무엇보다 그 정권이 구권위주의 잔존 세력과의 연합으로 이루어져서 태생적인 한계가 있었고, 대통령이 뚜렷한 개혁 철학을 갖추지 못하고 임기응변에 너무 의존하였기 때문이었다. 또 김영삼 정권은 김대중 정권과 더불어 박정희의 일인 지배 체제를 물려받았다. 이런 점에서는 노태우 정권보다 오히려 민주주의에서 후퇴한 측면도 있었다. 대통령의 의도, 때로는 즉흥적인 생각이 중요한 정부 정책을 결정했고 당과 정부 안의 위계질서가 권위주의적이었다는 점에서 한국의 민주주의는 충분히 발달하였다고 볼 수 없었다. 게다가 의회 절차보다는 국민들에게 직접 호소하기를 즐긴 대통령의 행동은 '문민 독재'라는 비판까지 받았다.

민간화의 완성과 민주주의의 진전

제14대 대통령 선거에서 민자당 후보로 출마한 김영삼은 42.0%의 득표율로 당선되었다. 정주영 후보가 막강한 자금력과 실물 경제 전문가로서의 호소력을 바탕으로 한때 선풍을 일으키기도 하였으나, 선거전은 김영삼과 김대중의 2파전으로 치러졌다고 해도 과언이 아니었다. 여기서 김영삼이 승리를 거둔 것은 여당이라는 이점 외에도 김대중의 진보적 성향을 두려워한 기득권 세력이 김영삼을 선호했고, 또 지역적으로 영남 대 호남 경쟁 구도가 이루어져 숫자로 열세인 김대중에게 불리하게 작용하였기 때문이었다.

군정 유산을 청산하고 민간화를 완성하기 위한 김영삼 정부의 노력은 군 개혁에서 대표적으로 나타났다. 김영삼은 12·12사태 관련 장성들과 하나회 출신 및 각종 비리 연루자들에 대한 대규모 숙군을 단행하였다. 이로써 박정희 정권 시절부터 군이나 정계의 막후에서 막강한 실력을 행사했던 하나회가 해체되었고, 여기에 가담하였던 장교들은 승진에서 누락하는 등 불이익을 맛보게 되었다. 군정 유산의 청산은 이전 대통령들인 노태우와 전두환의 구속 수감으로 절정에 달하였다. 김영삼 정부는 처음에는 이들에 대한 사법 처리를 꺼렸다. 그것은 이들이 여전히 대구, 경북 지역을 중심으로 상당한 지지 세력을 지니고 있었고, 대통령이나 집권 세력 자체가 이들과 정치적 인연이나 부패 사슬로 어느 정도든 연관되어 있었기 때문이었다. 그러나 당시 민주당의 박계동 의원이 터뜨린 이른바 노태우 비자금 사건은 이러한 소극적인 정책을 일시에 뒤바꾸었다. 노태우 대통령이 집권 당시 기업체들에서 받은 각종 뇌물과 성금들이 비밀 계좌에 은닉되어 있다는 폭로였다. 이를 계기로 노태우 전 대통령은 1995년 11월 16일 구속되었고, 전두환 역시 12월 3일 구속되어 반란 수괴 등의 혐의로 기소되었다.

과거 청산의 법적 조치는 1995년 12월 19일 국회에서 통과된 5·18특별법을 통해 나타났다. 정부는 과거 정권에 대한 이러한 단죄를 '역사 바로 세우기'로 이름 지었다. 과연 그것은 역사를 바로 세우는 데 필요 불가결한 조치였다. 그러나 이는 예상하였던 대로 옛 대통령들을 추종한 일부 세력들의 반발을 샀으며, 초기의 개

혁 조치들이 소기의 성과를 거두지 못하고 지리멸렬해 가는 상황에
서 나온 정부의 고육지책이었다는 평가도 받았다.

민주주의 정착을 향한 제도적인 조치들로서 신정부는 선거
법 개정과 지방 자치제 확대 등 많은 노력을 기울였다. 김영삼 대통
령은 1994년 3월 15일 공직선거 및 선거부정방지법안^{일명 통합선거}
법, 정치자금법 개정안, 지방자치법 개정안 등 3개 정치 개혁 법안에
서명하였다. 이는 김영삼 정부가 개혁 목표로 제시한 '돈 안 드는 선
거, 깨끗한 선거'를 위한 법적 조치였다. 통합선거법은 기존의 대통
령선거법, 국회의원선거법, 지방자치단체장선거법과 지방의회선거
법을 한데 묶은 것이었다. 이후 1997년 10월 여야 간에 타결된 정치
개혁 입법안은 선거 운동에 관련된 세부 사항을 재조정한 것으로,
지정 기탁금제를 폐지하여 돈 없는 당이나 후보의 출마를 더 쉽게
하였고 옥외 집회를 불허함으로써 과열 혼탁 금권 선거의 여지를 줄
였다. 대체로 기성 정당들의 기득권이 수호되고 정치 자금 실명제가
관철되지 않는 등 여러 문제가 있었지만, 이 법의 실시 이후 선거는
대규모 옥외 집회보다는 대중 매체를 활용한 후보자 토론회 등을 통
해 이루어짐으로써 진일보하였다고 할 수 있다. 전체적으로, 선거법
과 정치자금법 개혁은 그 나름대로 한계를 지녔지만, 첫출발이라는
점에서 의미를 찾을 수 있었다. 금권 선거, 흑색 비방 선거의 병폐는
여전히 지속되었지만, 관권 개입 및 부정 선거는 이전에 비해 크게
줄어들었다.

또 노태우 정부 시절에 각 수준에서의 지방의회 선거로 시

작된 지방 자치제는 김영삼 정부 들어 자치단체장 선거로 확대되었다. 개정된 지방자치법에 따라 1995년 6월 27일 우리나라 선거 사상 최초로 15개 광역 자치 단체와 기초 자치 단체의 단체장 및 지방 의원을 동시에 선출하는 4대 지방선거를 실시하였다. 또 1914년 행정 구역 개편 이후 최대 규모의 지방 행정 구역 개편을 실시하여 41개의 시와 39개의 군을 생활권역별로 통합해 40개의 시를 설치하고 서울, 부산, 인천, 광주의 자치구 9개를 18개로 분할하였다.

정권과 정치 사회의 문제점

김영삼 정부는 수십 년 만에 처음으로 들어선 민간 정부로서 민주 절차의 확립에 많은 기여를 하였다. 그동안 언론과 표현의 자유가 신장되었고 인권 신장에서도 많은 발전이 있었다. 취임 초기 장기 복역자인 이인모 노인을 북으로 송환하는 등 반공 정책의 완화에도 관심을 기울였다. 거시 정치적인 차원에서 민주주의의 신장이 있었음은 분명하다. 그러나 김영삼 정부도 분단 상황과 보수적 지배 구조의 한계를 벗어나지는 못하였다. 국가보안법과 안기부법의 존폐 또는 개정 문제가 임기 내내 말썽의 소지가 되었고, 급진 노조의 승인 문제도 항상 소란의 요인이 되었다.

더 큰 문제는 정권의 구조가 일인 지배의 구도를 벗어나지 못하고 '인치'가 만연하였으며, 각종 정책들이 법과 제도의 뒷받침을 받기보다는 대통령 개인의 목적과 선호에 따라 좌우되었다는 사실이었다. 김 대통령은 취임 초기 90%에 달하는 압도적인 여론의 지지를 받았다. 그것은 군정을 실질적으로 종식시키고 들어선 새로운 민간 정부가 국가 개혁을 이루어 주기를 원한 국민들의 여망 때문이었다. 이에 반해 정권을 구성한 통치 세력은 민주 철학에 투철하고 국가 경영에 익숙한 사람들이 아니라 반정부 투쟁에 앞장섰거나 권위주의 정권에서 이득을 보던 구세력이었다. 민주주의와 사회 개혁을 향한 법과 제도는 성숙하지 못하였고, 정치 과정은 대통령 개인의 취향과 이질적인 집단들의 조화롭지 못한 연합으로 혼란스러웠다.

이런 상황에서 김 대통령은 집권 기간 중에 수많은 개혁을 이루려는 과욕을 보였고, 법이나 제도보다는 측근들에게 의지하고 국민들에게 직접 호소하는 방식을 채택하였다. 이른바 '위임 민주주의'의 한 모습을 보여 준 것이다. 이는 대통령이 국민에게서 권한을 위임받아 의회를 건너뛰어 막강한 권력을 휘두르는 정치 행태를 일컫는데, 당시 김영삼의 행태가 이와 비슷한 점이 있었다. 대통령과 국회가 민주 절차에 따라 구성되었다는 점에서는 민주주의였지만, 권력이 행사되고 정책이 입안, 집행되는 방식에서는 권위주의적인 성격을 보인 것이다. 이러한 상황은 한국 민주주의 발전에 걸림돌이 되었을 뿐 아니라, 이후 대통령의 인기가 급격히 떨어지고 개혁 작업들이 파행으로 치닫는 원인이 되었다.

민주화의 영향으로 재야 세력과 운동권이 쇠퇴하고 정치의 중심은 정치 사회로 이동하였다. 정치 투쟁의 큰 토대였던 민주-반민주의 구도가 소멸되고 지역이 가장 중요한 힘겨룸의 토대가 되어 정치권의 지역 구도는 더 강화되었다. 김종필이 민자당에서 이탈하고 김대중이 정치에 복귀하면서 여당이든 야당이든 절대 권력자가 군림하는 일인 지배의 파당 체제가 복원되었다. 김영삼 정부 출범 이후 정주영이 이끌었던 국민당은 해체되었고, 정치 구도는 여당인 민자당과 김대중이 지배하는 민주당의 양당 구조로 사실상 좁혀졌다. 한편, 김영삼 정부의 개혁 정책은 민자당 안에서 계속되던 계파 갈등을 심화시켰다. 이는 대구·경북 세력의 일부 이탈을 가져왔고 급기야 김종필과 그 추종 세력의 탈당으로 이어졌다. 이러한 지역 연합의 분열은 김영삼 정부의 지지 기반을 약화시켰고 각종 개혁을 제약하는 요인으로 작용하였다.

1994년 8월 2일의 보궐 선거에서 민자당은 패배를 맛보았다. 이후 민자당은 개혁을 앞세운 김영삼 직계의 민주계와 옛 세력을 대변한 민정계의 양자 구도로 재편되고 김종필의 공화계는 소외되게 되었다. 민주계는 더 나아가 적극적으로 공화계의 무력화를 시도하였다. 그러자 김종필은 민자당을 나가 버렸고, 그 결과 민자당은 다시 한 번 3당 구도 속의 제1당으로 만족해야 하는 처지로 전락하고 말았다. 민자당을 탈당한 김종필은 자유민주연합^{자민련}을 창당하였다. 그 당은 충청권 출신 의원들뿐 아니라 일부 대구·경북권 인사들을 포함하였다. 자민련의 출범으로 민자당 창당과 함께 비롯된 호남-비호남의 이분적 대결 구도가 더 복잡한 지역 구도로 바뀌었고, 집권 연합의 축소로 여당은 지역적으로 영남 세력의 연합에 머무르고 말게 되었다.

1995년 6월 27일에 실시된 지방 선거의 결과는 민자당의 참패로 나타났다. 민자당은 지방 선거에서 15명의 광역자치단체장^{시도지사} 중 5명을 당선시키는 데 그쳤고, 기초자치단체장^{시장, 군수, 구청장} 선거와 시도의원 선거에서도 야당인 민주당에 뒤졌다. 전통적으로 여세가 강한 대구, 경북과 강원에서의 부진은 이 지역에서의 반민자당 정서가 얼마나 심각하였는지를 잘 보여 주었다. 민자당은 이들 세 지역 중 경북에서만 광역 단체장을 당선시켰다. 6·27 지방 선거에서 여당이 패배하고 민주당이 선전하자 이에 고무된 김대중은 7월 18일 정계 복귀를 선언하고 신당을 창당하여 새정치국민회의^{국민회의}라고 이름 지었다. 자민련과 국민회의의 창당으로 한국의 정당 구조는 결국 3당 합당 이전과 같은 3당 체제로 복귀하였고, 정당들의 지역성은 이전보다 더 강화되었다. 민자당은 부산·경남과 대구·경북의 연합 세력, 국민회의는 호남 지역^{과 수도권의 일부 세력}, 자민련은 충청 지역^{과 대구·경북 지역의 일부 세력}을 기반으로 하여 각축을 벌이게 되었다. 노태우 정부하에서 보였던 민자당의 전국 장악력은 사라져 버렸고, 한국 정치는 지역 파쟁의 형태로 타락해 갔다. 이렇게 되자 김영삼은 5, 6공 인사들과 단절하고 민주계 중심으로 민자당을 바꾸려고 하였다. 그리하여 1996년 2월 임시 전당 대회를 개최하여 당 이름을 신한국당^{1996년 2월~1997년 11월}으로 바꾸었다.

곧이어 열린 총선에서는 여당이 다시 승리를 구가하였다. 1996년 4월 11일 실시된 제15대 국회의원 선거 결과 신한국당은 지역구 121석, 전국구 18석을 얻어 모두 139석을 차지하였다. 반면 새

정치국민회의와 자유민주연합은 각기 79석과 50석에 그쳤다. 신한
국당은 김영삼 대통령 지지율의 급격한 하락 등으로 부진한 성적을
낼 것이라던 일반의 예상을 깨고 수도권에서 선전하였다. 선거전에
서는 신한국당이 내세운 이회창 등 새로운 인물의 충원과 개혁과 안
정을 결합시킨 개혁적 보수주의 노선이 수도권 및 젊은 층의 호응을
유도한 것으로 보인다. 전두환, 노태우 구속 등 새로운 바람이 일었
고, 감사원장 출신으로 곧은 이미지를 가졌던 이회창 선거대책위원
회 위원장 등 인물들의 참신성도 일조하였다. 이 총선에서도 제13,
14대 총선 및 대통령 선거 때 나타났던 지역 분할 구도가 어김없이
재현되었다. 신한국당은 전북과 충남에서 각각 단 한 명의 후보를
당선시켰을 뿐 광주와 대전, 전남에서는 전멸하였다. 국민회의는 수
도권과 호남 지역 의석만으로 제2당의 위치를 차지해 거의 완전한
호남 당으로 전락하였다. 자민련은 대구와 경북의 약진을 기대하였
지만, 선거 결과 대구에서 8명, 경북에서 2석을 얻었을 뿐이었다. 이
선거에서 나타난 또 하나의 특징은 국민 일반의 정치 불신과 혐오
때문에 투표율이 크게 낮아졌다는 점이었다. 1988년 총선의 투표율
75.8%와 비교해 볼 때 1996년 총선 투표율 63.9%는 크게 낮아진 것
이었다.

개혁 정치의 실패

김영삼 정부는 그 정당성을 정치의 민간화 완성과 함께 각종
정치, 사회, 경제 개혁에서 찾으려고 하였다. 실제로 대통령과 측근

들은 개혁의 임무를 일종의 역사적 사명으로 인식하는 듯하였다. 개혁은 정치적 민주화와 더불어 부패 척결, 행정, 사법, 교육, 복지 등 각종의 사회 개혁 분야에 맞추어 상당한 성과를 거두기도 하였다. 그러나 몇 단계를 거치면서 이루어진 이러한 개혁들은 기득권 세력의 강한 반발에 부딪혔고, 시간이 지나면서 동력을 잃었을 뿐 아니라 개혁 세력 자체가 무력해지는 한계를 드러내고 말았다. 개혁의 내용도 민주주의를 다지기 위한 개혁에서 차츰 국가 경쟁력에 초점을 맞춘 신자유주의적 경제 개혁으로 바뀌었다.

　　정부의 개혁 정책 수행을 간단히 요약하면 다음과 같다. 처음에는 과거 정권의 비리에 초점을 맞추어 사정 개혁을 시행하였다. 초기 개혁 작업 중 가장 큰 성과는 하나회 해체에서 상징된 민간화 완성과 금융실명제 실시였다고 할 수 있다. 이들은 김영삼 정부의 대표적인 치적으로 개혁의 절정을 이루었다. 그러나 얼마 안 가 각종 개혁들은 기득 세력의 반발에 직면하여 추진력을 잃고 표류하게 된다. 1993년 12월 우루과이 라운드 파동특히 쌀 개방 문제를 둘러싸고 농민과 야당의 반발이 심하였다을 겪으면서 정부에 대한 국민의 불신이 고조되었다. 또 개혁 정책들에 대한 경제계의 저항이 노골화되었다. 개혁이 결정적으로 힘을 잃게 된 것은 김종필의 탈당과 대구, 경북 세력의 이탈로 인한 여권 연합의 파손, 6·27 지방선거에서 여당의 참패, 그리고 김대중의 정계 은퇴 번복에 따른 정계 개편이었다. 이후 민자당은 김윤환을 대표로 기용하여 구여권 및 대구, 경북 끌어안기를 시도함으로써 수구 세력의 영향하에 놓이게 되었다.

이러한 상황을 일시적으로 반전시킨 것은 민주당 박계동 의원이 노태우 비자금을 폭로한 사건이었다. 이를 계기로 5·18특별법이 제정되고 전두환, 노태우 전 대통령들이 구속됨으로써 과거 정권과의 단절이 다시 시도되었다. 소위 역사 바로 세우기였다. 1996년의 제15대 국회의원 선거에서 여당이 승리함으로써 정부는 힘을 얻는 듯하였으나, 이내 몰락기에 접어들고 말았다. 1997년 초엽 한보사태와 기아사태가 터지면서 정경 유착과 부패의 적나라한 현장이 폭로되었고, 이 사건들은 그간 추진된 정부의 개혁 노력을 일시에 무산시켰다. 급기야 대통령 아들 김현철의 권력 남용과 사법 처리가 정치 쟁점화되고 경제 관리의 미숙으로 전 국가적인 위기 상황이 닥침으로써, 김영삼의 개혁 정치는 비극으로 막을 내리고 말았다. 특히 1997년에 터진 외환위기 사태는 온 국민에게 고통을 안겼을 뿐 아니라 김영삼 정부의 몰락을 재촉하였다.

정부는 대내외의 도전으로 인한 정치적 어려움에 직면하자 국가 정책의 방향을 경쟁력 강화로 전환했는데, 이는 1994년 11월의 세계화 선언으로 절정에 달하였다. 그 명분은 미국 등 선진 자본주의 국가들의 시장 개방 압력에 대처하고 경제 활성화를 도모하기 위해 적극적인 개방을 추진하고 사회 각 부문의 구조 개혁을 단행해야 한다는 것이었다. 사회 정의를 위한 개혁보다는 국가 경쟁력 강화를 앞세운 이러한 신자유주의적 논리는 앞서 추진된 각종 개혁 논리와는 상반된 것이었다. 세계화 논의는 개혁의 지지부진함과 지지도 하락에 따라 새로운 돌파구를 마련하고자 한 대통령의 의도에서 나온 성급한 논의였다. 체계적인 논리의 뒷받침 없는 다분히 즉흥적인 구상이었다. 그 결과 시장 효율을 앞세운 재벌과 자본의 논리가 득세하게 되어 정부 출범과 함께 제기되었던 도덕적인 개혁 구호는 사라지게 되었다. 세계화 개혁이 제시하였던 사회, 경제, 정치, 의식의 개방이 당시 상당한 명분을 지녔던 것은 사실이지만, 정치적 목적성과 즉흥성은 광범한 국민 지지의 획득이나 지속적인 정책 추구를 어렵게 만들었다. 전체적으로, 정부는 세계화 구호와 선진국 클럽 가입1996년 OECD 가입으로 국민들에게 선진국 진입의 환상을 심었고, 무분별한 해외여행, 조기 유학과 과소비를 부추겨 경제 위기와 정치 위기를 자초하였다는 비난을 면하기 어렵게 되었다. 정부의 세계화 논리는 신자유주의적 재벌 위주 정책의 이념적 도구로 제시되었고, 외환위기와 경제 혼란의 원인을 제공하였으며, 빈부 격차 확대 등 새로운 문제들을 낳았다. 이런 여러 가지 문제가 중첩된 상황에서 터진 1997년 말의 외환위기는 김영삼의 지지도를 끝없이 추락시켰다.

2.

김대중 정부:
민주주의 정착과 지역 붕당 체제의 심화

|

1997년 12월의 제15대 대통령 선거에서 새정치국민회의의 김대중 후보가 한나라당*의 이회창 후보를 힘겹게 누르고 대통령으

---

* 당시 대선을 눈앞에 둔 1997년 11월 신한국당은 조순이 주도하던 통합민주당과 합당하여 한나라당으로 거듭났다. 여기에는 이회창과 김영삼의 갈등이 주요 원인이 되었다. 한나라당은 이

로 당선되었다. 이로써 그는 세 번의 실패 끝에 드디어 대통령의 꿈을 이루었다. 대통령 선거전이 시작되기 전에 그가 대통령이 될 수 있으리라고 생각한 사람은 많지 않았다. 그러나 한나라당 경선에 불복한 이인제의 탈당과 독자 출마로 경쟁자들이 분열되었고, 김대중이 지역 열세를 만회하기 위해 충청 기반의 자민련 김종필과 연합함으로써, 지역 열세를 딛고 승리할 수 있었다. 여기에 이회창 아들들의 병역 기피 의혹과 대중적 매력의 부족 등 개인적 문제점도 김대중 승리의 한 요인으로 작용하였다.[*]

1998년 2월의 김대중 정권 탄생으로 한국 정치는 민주주의로의 체제 변동을 완성하였다. 다시 말해 한국 민주주의가 '공고화'되었다. 노태우 정권과 함께 민주화가 시작되었다면 김영삼 정권때 민간화가 완성되었고, 김대중 정권 때 민주화가 정착, 공고화되었던 것이다. 그리고 노무현 정권으로 오면서 3김 정치가 끝나고 한국 민주주의의 새로운 단계가 시작된 것으로 볼 수 있다. 그러니 노태우부터 김대중 정부까지를 민주주의 체제'로의' 변화라고 본다면 노무현 정권은 민주주의 '안에서의' 새로운 변화라고 할 수 있다. 김대중 정부가 한국 정치 체제 변동에서 가지는 의미는 크게 다음과 같이 요약할 수 있다. 곧 민주주의의 공고화, 지역 붕당 체제의 심화, 그리고 시민 사회의 활성화와 보수-진보 세력의 갈등 들이다. 하나씩 살펴보도록 하자.

후 2012년 2월 당명을 새누리당으로 바꾸었다. 한국 정당의 이합집산은 여나 야나, 진보나 보수나 마찬가지이다.

[*] 이 선거에서도 지역주의가 여전히 가장 강력한 투표 결정 요인이었다. 김대중 후보는 호남 지방에서 90% 이상을 득표하였지만, 영남에서는 10% 조금 넘는 득표율을 보였을 뿐이었다. 충청에서는 과거와 달리 43%를 득표하였다. 이는 디제이피 연합이 김대중 당선의 중요한 요인이라는 분석을 뒷받침한다. 이갑윤, 『한국의 선거와 지역주의』(서울: 오름, 1998), 179쪽 참조.

　　미국 중심의 비교정치학계에서는 권위주의에서 민주주의로
의 이행 과정에서 민주주의의 '공고화'에 관심을 집중하여 많은 글
이 나왔다. 한국의 경우 언제를 민주주의가 공고화된 시점으로 잡을
것인지가 관심거리인데, 김대중 정부의 수립을 기점으로 삼는 것이
합리적이지 않을까 한다. 물론 그 전에 김영삼 정부가 이미 군부의
정치 개입 여지를 거의 완전히 없애 민주주의 공고화의 길을 열기는
하였다. 하지만 우리가 한국 민주주의의 공고화 계기를 김대중 집권
으로 잡는 것은 무엇보다 이때 비로소 야당에 의한 정권 교체가 이
루어졌기 때문이다. 그것은 한국 역사상 평화적이고 민주적인 방법
에 따른 최초의 정권 교체였다. 당시 김영삼의 정당이 계속 집권하
였다면 아무래도 구권위주의 세력과의 동거가 더 지속되었을 것이
고, 민주화의 정도가 얕았을 것이라고 생각할 수 있다. 더 중요하게,
군과 보수 세력이 강한 거부감을 보인 김대중이 집권함으로써 한국
정치에서도 새로운 세력이 집권할 수 있음을 보여 주었고, 그 이후
에도 이에 따른 별다른 정치 불안이 나타나지 않은 것이 한국 민주
주의 공고화의 가장 큰 증거라고 할 수 있다.

　　여기서 김영삼 정부와 김대중 정부의 차이를 지적할 필요가
있다. 두 정부 아래에서 정치 체제의 성격은 같았지만 권력의 구성
원은 조금 달랐다. 김영삼 세력은 구권위주의 세력과 연합했고 지역
으로 주류 지역이었던 영남 지방을 기반으로 하였다. 그런 면에서
김영삼 정부는 박정희 때부터 이어져 오던 영남, 군부, 관료의 연합

체제를 탈피하지 못하였다. 그 반면 김대중 정부는 그동안 비주류로 소외받던 호남 지역을 기반으로 한 세력이 장악했고, 집권 뒤의 정책은 반드시 그렇지 않았지만 기층 민중 또는 서민층을 대변한다는 수사학으로 집권하였다. 그런 면에서 김대중의 집권은 이 두 가지 의미에서 모두 '정권 교체'로 불려 마땅한 것이었다. 그런데 그 권력의 기반이 역시 비주류 소수파인지라 정부 권위에 대한 도전 및 구세력과 신세력 사이의 권력 투쟁이 정치 불안의 핵심 요인이 되었다. 김영삼 정부의 권력 투쟁이 주로 주류 집권 연합 세력 안에서 일어난 것이었다면, 김대중 정부의 권력 투쟁은 집권한 새 세력과 권력을 빼앗긴 옛 세력 사이의 투쟁이었다. 그래서 갈등이 더 심한 것처럼 보였고, 김대중의 권력 기반도 그만큼 더 허약하였다고 할 수 있다. 정부는 이를 타개하기 위해 이념으로 전혀 어울리지 않는 보수 자민련과 연합하여 당파 싸움을 부추겼고, 적극적인 대북 화해 정책을 정당성의 기초로 내세워 이른바 남남 갈등의 원인을 제공하기도 하였다.

'지역 패권의 이동'

김대중 대통령의 취임으로 정치권력이 영남에서 호남으로 이동하였다. 이를 많은 사람이 '지역 패권의 이동'으로 파악하였다. 실제로 김대중 집권 당시 정부와 관공서, 그리고 언론 기관 등 권력과 관련 깊은 주요 기관들의 인사가 호남 출신 위주로 되고 예산 배정에서도 호남이 많은 배려를 받았다. 그러나 이런 변화가 진정한 지역 패권 이동이라고 할 만한 것이었는지는 분명하지 않다. 영남과 수도권의 패권이 5년 동안의 김대중 집권으로 사라질 만큼 얕은 것은 아니었다. 당시 나타난 현상은 오히려 그동안 소외되었던 호남 지역의 권력 장악과 이에 저항한 옛 기득권 세력들 사이의 각축전이었다고 해야 할 것이다. 어쨌든 당시 지역 패권의 이동이 일어났다고 가정하자. 여기서 이와 관련하여 또 다른 중요한 물음이 떠오른다. 그것은 지역 패권이 이동하였기 때문에 한국의 지역주의가 약화되었는가 하는 물음이다. 이에 대한 대답은 부정적이다. 우선, 지역 패권이 이동하면 지역주의가 완화될 것이라는 가정 자체가 논리적으로 옳지 않았다. 지역 패권의 이동이란 지역주의가 유지되는 구조 속에서 힘센 지역이 바뀌는 것인데, 그것으로 어떻게 지역주의가 완화될 수 있다는 것인지 이해하기 어렵다.

　　김대중 자신이 내세운 바 있는 지역 '등권론'도 그것으로 지역주의를 완화할 수 있다는 주장이었다면 크게 설득력이 없다. 물론 모든 지역이 골고루 발달하고 골고루 힘을 나누어 가지면, 다시 말해 그런 권력 배분 또는 지역 등권이 이루어진 다음에는 지역감정이나 지역주의가 해소될 수 있을 것이다. 그러나 이미 불균등한 구조가 고착된 상황에서 권력을 골고루 나눠 가지려고 하는 것은 시계추를 반대 방향으로 넘겨 차별받던 지역이 한동안 권력과 자본을 독점하다시피 해야 가능하다. 그 과정은 필연코 지역 갈등을 더 부추길 것이며, 그런 현상이 실제로 김대중 정부 시절에 나타났다. 김대중 취임 이후에 영남 지역이나 보수 세력이 보였던 강한 거부감과 불만이 바로 그런 것이었다. 그러니 지역 등권론은 지역주의 해소보다는 당시까지 소외되었던 호남 지역이 권력을 가져야 한다는 호남 지역의 소망에서 나타난 것이었다고 할 수 있다. 실제로 김대중 집권 기간에 지역주의가 해소되지 않았고, 최소한 투표 행태에서는 오히려 지역주의가 더 심화되었다. 김대중 집권은 단기적으로는 오히려 지역감정을 악화시켰다고 할 수 있다. 하지만 지역 등권론은 차별받는 지역에서 나올 수 있는 당연한 요구이고 주장이었다. 김대중의 집권으로 호남인들의 오랜 숙원이 성취되었기 때문에 불만과 원한에 따른 지역 '감정'을 한풀이할 기회가 마련되었다. 이것은 한국 지역주의 연구의 주류를 이루는 투표 행태 연구가 포착할 수 없는 지역주의의 한 중요한 측면이다.

비주류 세력의 집권과 지역 붕당 체제의 심화

당시 두드러졌던 정파들 간의 정쟁은 대북 문제 등 이른바 이념의 껍질을 쓰고 나오는 경우가 많았으나, 근본적으로는 이러한 권력 변화에 따른 당파 싸움이었다. 김대중 대통령의 집권은 권력의 지역 이동뿐 아니라 비주류 세력'빨갱이', 서민 중시의 정치권력 장악을 의미하였다. 당시 일어났던 정치 갈등의 대부분이 결국 이러한 사실에 뿌리를 두었다. 당시까지의 기득권 주류 세력이 김대중의 집권을 용납하려 들지 않았기 때문에 생긴 당파 싸움이었다. 김대중 흠뜯기에 온 힘을 다한 「조선일보」의 공격이 대표적이었다. 사실 「조선일보」뿐 아니라 보수, 진보 할 것 없이 모든 언론 매체가 사실 보도와 정당한 비판보다는 특정 정파와 같은 행동에 몰두하였다. 당파 싸움의 고조는 각 세력 안에서의 일인 지배 구조와 맞물려 한국 정치 발전을 가로막았다. 김영삼 정부의 집권당이었던 신한국당, 한나라당은 정파 연합으로 탄생하였고 거기서 김영삼계가 다수가 아니었기 때문에 정권의 일인 지배 구조는 상대적으로 약한 편이었다. 이에 비해 김대중 정권의 여당은 문자 그대로 김대중 일인 체제였다. 그런데 그 세력이 한국 사회와 정치의 다수 주류가 아니었기 때문에, 집권 소수 세력과 반대 다수 세력의 힘겨루기가 첨예해졌던 것이다.

김대중 정부는 소수파 정부였고 국회를 야당이 장악하지 못하는 이른바 여소야대 정부였다. 그것은 자민련과의 일종의 연합 정권이었다. 즉, 김대중은 김종필과 '함께' 당선된 것이었다. 이념 성향으로 보면 어울릴 수 없는 모순이었지만, 지역이 좌우하는 선거 판도상 정치 공학으로 볼 때는 합리적인 선택이었다. 하지만 이런 일이 당파 싸움을 고조시키고 정당의 제도화나 이념 발전을 가로막았다. 김종필과 지역 연합을 이루었던 김대중은 당선 뒤 사전 합의에 따라 김종필을 국무총리에 임명하고자 하였으나, 야당의 거센 반대에 부딪혔다. 정부와 여당은 국회에서의 총리 인준을 위해 야당인 한나라당과 대결하였고, 자민련을 국회 교섭단체로 만들어 주기 위해 새천년민주당2000년 1월 창당 의원들을 자민련으로 당적을 바꾸는 '의원 꾸어 주기'를 강행하여 정쟁을 일으켰다.

지역 구도로 볼 때 2000년 제16대 국회의원 선거에서 여당인 새천년민주당이 다수 의석을 얻지 못한 것도 정해진 일이었다. 새천년민주당은 비례대표 의석을 포함하여 96석을 얻은 반면 한나라당은 112석을 차지하였다. 여소야대일 뿐 아니라 그야말로 '분점 정부'였다. 야당인 한나라당 세력이 여당보다 더 큰 현실이 그대로 유지되었고, 정부는 여전히 소수파 비주류 세력임을 벗어나지 못하였다. 소수파 정부의 약점을 만회하기 위해 정부는 정치 연합을 펼친 데 이어 남북 관계 개선을 내걸고 적극적인 대북 정책, 곧 '햇볕 정책'을 펼쳤다. 그 결과 2000년 6월 15일에 남북정상회담을 열고 남북공동선언을 발표하였는데, 이것이 또 이념 논쟁과 당파 싸움을 고조시켰다.* 햇볕 정책은 김대중 정부를 이은 노무현 정부에도 계승되었다가 그 뒤 이명박, 박근혜의 보수 정부들에 와서 폐기되었다. 그러는 동안 대북 정책은 이후 한국 정치와 사회의 가장 큰 이념 갈등 요인이 되었다.

국가-사회 관계의 변화

민주화 이후 시민 사회는 점점 강하고 활성화되어 간 반면 국가의 사회에 대한 통제력은 점차 약해졌다. 하지만 그렇다고 시민

---

* 남북공동선언의 내용은 다음과 같다.
  ① 남과 북은 나라의 통일문제를 그 주인인 우리 민족끼리 서로 힘을 합쳐 자주적으로 해결해 나가기로 하였다.
  ② 남과 북은 나라의 통일을 위한 남측의 연합제 안과 북측의 낮은 단계의 연방제 안이 서로 공통성이 있다고 인정하고 앞으로 이 방향에서 통일을 지향시켜 나가기로 하였다.
  ③ 남과 북은 올해 8·15에 즈음하여 흩어진 가족, 친척 방문단을 교환하며 비전향 장기수 문제를 해결하는 등 인도적 문제를 조속히 풀어 나가기로 하였다.
  ④ 남과 북은 경제협력을 통하여 민족경제를 균형적으로 발전시키고 사회, 문화, 체육, 보건, 환경 등 제반 분야의 협력과 교류를 활성화하여 서로의 신뢰를 다져 나가기로 하였다.
  ⑤ 남과 북은 이상과 같은 합의사항을 조속히 실천에 옮기기 위하여 빠른 시일 안에 당국 사이의 대화를 개최하기로 하였다.

사회가 국가보다 우위에 선 것은 아니었다. 대체로 국가와 시민 사회의 힘이 어느 정도 균형을 잡는 상황이 전개되었다. 때로는 국가가 시민 사회를 이용하여 자신의 정치 목적을 달성하려고 하였다. 특정 시민 단체들과 정부가 밀접한 연결 고리를 갖고 일정한 정책 노선을 추진하는 경우도 많이 보였다. 다른 한편 재벌의 권력 강화로 정부가 재벌을 장악하기보다는 오히려 재벌의 눈치를 보는 모습도 점차 뚜렷하게 나타나기 시작하였다. 또 각종 이익 집단들과 지역 주민들의 이익 표출을 국가가 제대로 제어하지 못하는 모습도 나타나기 시작하였다. 이제 한국의 국가는 국내외 자본에 포위당하고 각종 이익 집단들의 이익 다툼에서 우왕좌왕하는 모습을 보이기 시작하였다. 강성 국가의 모습이 점차 흐려지고 국가-사회 관계가 다양한 모습으로 바뀌었다. 학생 운동과 재야 운동은 이제 정치적 의미를 거의 상실하였고, 각종 시민운동과 노동 운동이 사회 운동의 중심을 이루게 되었다. 시민 사회는 분화되고, 국가 대 시민 사회의 단일한 대결 구도가 국가와 시민 사회의 다층적인 대결 또는 협력 구도로 변해 갔다.

김영삼 정부 시절부터 시민 사회는 이전 정권들에 비해 확실히 활성화되었다. 비제도적이고 대중적인 항거의 형태로 나타나던 민간 사회의 정치 참여가 김영삼 정부 들어 더 제도적이고 온건한 방향으로 전환하게 되었다. 여기에는 시민 사회의 성장과 분화가 큰 역할을 하였다. 각종 시민운동들이 활성화되어, 환경운동연합1993년 발족, 경제정의실천시민연합경실련, 1989년 발족, 참여민주사회시민

연대^{참여연대, 1994년 발족} 등 시민 단체들의 활동이 활발해졌다. 시민 단체 지도자들과 재야인사 출신들이 정부에 충원되기도 했고 일부는 국회에 진출하기도 하였다. 하지만 시민 단체들은 아직은 전문가, 지식인들이 주도했고 대중에 뿌리내리지는 못하였다. 이 운동은 주로 중산층적인 운동으로 과거의 민주화 투쟁과 같은 거대 쟁점보다는 국민들의 일상생활에 밀착된 사안별 운동으로 나타났다. 이런 시민운동은 김대중 정부로 접어들어 더 활성화되었다.

한편 김대중 정부 들어 정부가 정치적 목적을 위해 시민 단체를 이용하고 자금 지원을 통해 시민 단체 활동에 영향을 미친다는 비판도 고조되었다. 그래서 여전히 국가가 시민 사회와의 관계를 주도하고 자율적 시민 사회는 아직도 초기 단계에 있다는 지적도 나왔다. 이를테면 2000년의 총선시민연대와 여권 핵심부의 결탁설 등이다. 또 민족화해협력범국민협의회^{민화협}, 제2의 건국 범국민추진위원회 등이 정부의 조종을 받는다는 비판도 제기되었다. 특기할 만한 것은 2000년의 제16대 국회의원 선거 때 나타난 낙천·낙선 운동이었다. 수십 개의 시민 단체들이 연합하여 낙천과 낙선 대상자들을 선정하고 이를 적극 밀어붙여 많은 사람을 실제로 낙마시켰다. 시민운동이 정치권에 미치는 영향력을 증명하였는데, 이런 운동이 상당 부분 실정법을 어긴 것이기에 이에 따른 비판도 만만찮게 제기되었다. 또 이 낙천·낙선 운동이 특정 정파, 곧 김대중의 민주당에 유리한 것이었기 때문에 객관성과 순수성을 의심받기도 하였다. 시민 사회의 상대적 강화와 국가의 상대적 약화는 시민운동뿐 아니라 각종 집단 이익의 표출과 국가사업의 거듭된 실패나 방향 수정에서도 드러났다. 대표적으로 2000년의 의약 분업 사태, 2003년 부안 방사능 폐기장 사태, 2004년 한-칠레 자유무역협정을 둘러싼 농민들의 저항 들에서 볼 수 있었는데, 이런 사태들은 이제 국가의 주요 정책들이 해당 이익 집단의 의사를 거슬러 이루어지기가 매우 힘들다는 것을 증명하였다.

이런 사실은 국가와 노동의 관계에서도 드러났다. 김영삼 정부는 초기에 전향적인 노사 정책노사 관계의 중립성, 합법적인 노사 활동 보장 등을 펼쳤으나, 1993년 현대 파업 사태가 장기화되면서 변하기 시작하여, 노골적인 친재벌 정책으로 돌아섰다. 노동 측에서는 1995년 11월 전국민주노동조합총연맹민주노총을 결성하였고, 1996년 12월 국회의 노동법 날치기 통과에 대해 저항하고 노동법 개정 투쟁에서 상당한 성공을 거두었다. * 민주노총의 탄생은 전국 규모의 독립적이고 진보적인 노동 운동이 처음으로 나타났음을 의미하였고, 노동법 개정 투쟁은 노동조합의 힘이 커졌음을 보여 주었다. 이에 따라 김대중 정부는 1998년 노사정위원회를 설치했고, 민주노총은 이후 이 위원회에 한 협상 당사자로 참여할 정도로 성장하였다. 또 오랫동안 법으로 인정받지 못한 채 활동하던 전국교직원노동조합전교조 합법화 법안이 1999년 1월 국회를 통과하였다.

김대중 정부의 사회 정책은 신자유주의와 사회적 복지가 뒤섞인 절충형이었다. 외환위기를 극복하기 위해 국제통화기금의 권

---

* 1997년 3월 국회는 여야 만장일치로 노동법 개정안을 통과시켰다. 이는 정리해고제, 무노동 무임금, 사내 대체 근로 도입, 노조 전임자 임금 규정 폐지 등 노조에 불리한 규정도 많이 도입했고, 그 반면 13개의 복수 연맹 노조를 신설하는 등 노조의 요구도 많이 반영하였다.

고를 전적으로 받아들여 자본 시장 개방과 기업 구조 조정, 대량 해고, 공공 부문 민영화를 추진하였다. 정부의 신자유주의적인 노동 정책에 대항하여 민주노총은 노사정위원회 참여와 탈퇴를 반복하였다. 이제 노동 운동은 과거 민주화 운동을 대신해 한국의 주된 사회 운동이 되었다. 민주노총 가입자가 전체 노동자의 약 5%에 머물 정도로 노조 조직률은 낮은 편이었지만, 대부분의 대기업체에서 노조가 결성되어 노조의 영향력이 상당히 커지게 되었다.*

김영삼 정부 이래 재벌 개혁 논의가 심심치 않게 대두하였다. 그러나 실효성은 없었다. 김영삼 정부는 초기의 기업 분할 명령제 도입, 주력 업종 선정, 기업 공개, 소유 분산 등 '신경제 5개년 계획' 지침이 재계의 반발에 부딪히자 한 발 물러났고, 결국 재벌 개혁을 포기하기에 이르렀다. 그 후 세계화와 경쟁력 강화가 김영삼 정부의 새로운 정책 목표가 되면서 정부는 재벌의 해외 투자와 해외 금융에 대한 규제를 완화하였다. 재벌 개혁이 이루어질 수 없었던 것은 다음과 같은 이유들 때문이었다. 첫째, 정부의 개혁 의지가 부족하였다. 오히려 정부는 경제 활성화의 명분으로 민간의 자율성 보장, 대기업 선호, 기업주의 중요성 강조 등 재벌들의 논리를 대폭 수용하였다. 둘째, 정관계가 재벌들과 밀접한 연결망으로 얽혀 있었기 때문이었다. 김영삼 대통령 자신이 특정 재벌과 혼맥 관계를 가지고 있었고 여당 소속 국회의원들 중 상당수가 자신들이 재벌 출신이거나 재벌과 직접적인 인맥 관계에 있었다. 이러한 인맥 관계뿐 아니라 정, 관, 재계의 밀착된 관계가 구조적으로 재벌 개혁을 불가능하

---

* 신광영, 『한국의 계급과 불평등』(서울: 을유문화사, 2004), 35쪽.

게 하였다. 집권당이 재계에서 거두어들인 정치 자금과 정치인, 관료들이 재벌 기업들로부터 받은 뇌물은 정부의 개혁 의지를 약화시킬 수밖에 없었다. 그것이 적나라하게 나타난 것이 바로 한보사태[*]였다. 이러한 상황은 김영삼 정부가 정경 유착의 구권위주의 세력과 연합하여 집권하였기 때문에 더 문제가 되었다.

이런 점은 김대중 정권에서도 마찬가지였다. 특히 김대중 정권은 외환위기를 극복하기 위해 국제통화기금의 신자유주의적 개방 요구를 전적으로 받아들였다. 그리하여 경제 위기를 극복하기는 하였으나, 외국 자본에 대한 한국 경제의 종속과 재벌의 경제 지배, 그리고 빈부 격차를 심화시켰다. 이로써 한국 사회에서 재벌의 발언권은 더욱 커졌다. 김영삼 집권 이후 오늘에 이르기까지 정치 체제는 민주화되었으나 근본적으로 한국 자본주의 국가의 성격은 변하지 않았다. 자본에 대한 국가의 이른바 상대적 자율성은 오히려 점점 더 약화되었다. 독점 재벌과 고위 관료, 정치인, 전문인들의 인맥과 이익 카르텔의 지배는 신자유주의 시대의 '민주주의' 정권에서 더 강고해졌는데, 이것이 과연 한국 민주주의 발전에 기여하였는지에 대해서는 의문을 품지 않을 수 없다.

---

[*] 한보 그룹이 여야 정치인들에게 대규모 뇌물을 공여하였지만 결국 부도로 쓰러져 경제 위기에 한 원인을 제공한 사건이다.

제 9 장

민주주의의 발전과 후퇴

노무현 정부 이후

2003년 2월 노무현 정부가 탄생하였다. 노무현이 민주당 대선 후보로 나선 때 민주당 안에서는 이인제가 대세로 인식되고 있었다. 그러나 당시 민주당이 국민 참여 경선제를 채택하였기 때문에 절대 열세이던 노무현이 젊은 층을 중심으로 선풍을 일으키면서 대세를 뒤집을 수 있었다. 한국 선거사에서 획기적인 일이었다. 이후 재벌 2세로 영향력이 있던 국민통합21의 정몽준이 부상하였으나 둘이 후보 단일화를 선언하고 선거 직전에 정몽준이 이를 번복하는 등 우여곡절을 겪은 끝에 노무현이 대통령으로 당선되었다. 상대 후보는 이회창이었다. 이회창은 직전 대선에서 김대중에게 패하였던 것과 비슷한 이유로 또다시 고배를 마셨다. 근본적인 약점인 아들의 병역 기피 문제와 대중적 호소력 부족을 극복하지 못한 탓이었다. 노무현은 유효표의 48.9%를 얻어 46.6% 득표율에 그친 이회창 후보를 누르고 제16대 대통령에 당선되었다.

노무현 정부 이후의 정치사는 얼마 지나지 않은 역사이기 때문에 구체적인 정치 과정을 서술하는 것은 의미가 없을 듯하다. 실상 세세한 모습들은 다르지만 정치 세력들끼리의 힘겨룸이나 시민사회의 도전 등은 민주 체제 정착 이후 계속된, 기본적으로 같은 모습들이다. 그것들을 일일이 나열하는 것은 기록으로서의 의미는 있을지 모르나, 대한민국 정치사의 흐름을 파악하는 데에는 별 도움이 되지 않는다. 여기서는 우선 노무현, 이명박 두 정부의 특징과 정치사적 의미를 다루고, 더 나아가 진보와 보수로 상반된다는 일반적인 인식과 달리 두 정부가 매우 비슷한 특징도 나타내었다는 사실을 지적할 것이다. 다음으로 두 정부 이후 최근의 한국 정치 현실에 대한 논평으로 이 책을 끝맺고자 한다.

1.
노무현 정부:
일인 지배 체제의 종식과 새로운 문제

노무현 정부의 정치사적 의미는 크게 두 가지로 볼 수 있다. 하나는 이른바 '3김 정치'의 종식으로 일인 지배 체제가 끝났고 이에 따라 지역 붕당 체제도 완화되었다는 사실이다. 다른 하나는 집권 세력과 더 크게는 정치 세력에 세대교체의 바람이 불었다는 점이다. 일인 지배 체제가 끝남으로써 정당 정치가 민주화되고 지역 붕당 체제가 완화될 기회가 왔고, 따라서 지역 바탕의 개인 권력에 의존하던 한국 정치가 더 제도적인 민주주의로 발전할 길이 열렸다.

일인 지배 체제의 종식과 새로운 정치 세대의 등장

군부 통치가 끝난 뒤 10년 넘게 이어진 일인 지배의 지역 붕당 체제가 약화된 원인은 무엇이었는가? 가장 큰 까닭은 3김씨, 특히 두 김씨의 정계 퇴장이었다. 두 김씨 집권 시절, 정권 구조는 민주화되었지만 정부나 당 안에서의 일인 지배 권위주의 구조는 바뀌지 않았다. 그러나 그들이 정계에서 사라지자 그것이 자연히 해소되었다. 그러면 왜 두 김씨를 이을 또 다른 지역 맹주 또는 일인 지배자가 나타나지 않았는가? 그것은 직접적으로는 두 김씨가 후계자를 키우지 않았기 때문이다. 후계자를 키우지 않는 것은 일인 지배 체제의 한 속성이다. 잠재적 후계자의 도전 가능성 때문이다. 그런 점은 이승만과 박정희의 경우에서도 마찬가지였다. 그러나 독재자들은 후계자를 키우지 않아 비극적인 최후를 맞았던 반면, 민주화 지도자들은 후계자를 키우지 않아 오히려 민주 발전의 길을 열었다. 일인 지배 체제가 사라진 또 다른 이유는 3김 정치에 대한 국민적 비판과 진정한 민주주의 제도화를 원하는 국민, 정치권 모두의 소망과 명분 때문이었다. 이는 한편에서는 국민 일반의 정치 문화가 성장했다는 의미이기도 하며, 다른 한편에서는 정치 제도화가 진전되었다는 뜻이기도 하였다.

그러나 일인 지배 체제의 종식은 또 다른 문제를 낳았다. 노무현 대통령은 3김씨나 박정희, 이승만이 지녔던 정치권력을 지니지 못하였다. 오히려 보통 이하로 정치적 통솔력이 빈약한 것이 문제였다. 그를 대통령으로 두려워하거나 존경한 이들은 '노무현을 사랑하는 사람들의 모임'노사모 빼고는 별로 없었다. 그는 권위를 탈피하고 소통을 중시한 젊은 세대의 대표임을 자임하였으나, 지도자로서 갖추어야 할 권위와 위엄을 갖추지 못함으로써 한국 정치 발전에 또 다른 숙제를 안겼다. 대통령이 된 뒤 그는 민주당에서 나와 열린우리당을 만들었지만2003년 11월 11일 창당, 이 또한 자신이 주도하지 못했고 반발을 우려하여 한동안 입당도 하지 못하였다. 여당 안에서도 절대 권력을 누리지 못하였는데, 정치 사회 전반에서는 더 말할 나위가 없었다. 노무현은 대통령 선거 전까지 강력한 후보도 아니었다. 자기 계파를 지닌 주요 정치 세력도 아니었다. 국민 일반도 노무현 대통령의 권위를 충분히 인정하지 않았다. 일인 지배의 강력한 보스 정치는 사라졌지만, 이제 오히려 정치적인 권위와 지도력이 너무 빈약한 것이 문제가 될 지경이었다.

노무현 정부가 지닌 또 하나의 역사적 의미는 한국 정치의 세대교체를 이루었다는 점이었다. 3김 주도의 구시대 정치_{일인 보} _{스 정치, 정경 유착, 지역 패거리 정치}를 벗어나 더 투명하고 제도에 기초한 정치를 할 수 있는 길이 열렸다. 이는 구시대 정치인들이 대부분 퇴장하고 30~40대 중심의 새로운 정치 세력이 전면에 나섰기 때문에 가능한 일이었다. 2004년의 제17대 국회의원 선거는 국회 사상 최대의 의원 교체율을 기록하였다. 즉 초선 의원이 188명으로 의원 정수의 63%를 차지하였다. 나이로 보면 60대 이상은 격감하고 40~50대가 증가하였다. 세대교체는 비단 주요 정치 세력의 나이가 젊어졌다는 것만 뜻하지는 않았다. 노무현 정부는 한국 정치의 새로운 세력을 대변하였다. 당시까지 한국 정치의 핵심을 이루었던 나이 든 보수 세대를 교체하여 젊고 비교적 진보적인 세력이 정권을 장악하였다. 실상 노무현 정부 들어 나타난 대부분의 정치 갈등이 바로 이런 세력 교체 때문에 일어난 것이라고 할 수 있다. 이전의 정치 주도 세력은 50~60대의 중상층 엘리트 계층을 대변한 반면, 새로운 정치 세력은 20~30대의 지식층과 서민의 정서를 대변하였다. 한국의 지배 계층은 재벌, 중소 자본가, 대학 출신, 수도권의 중상류층이다. 당시까지의 정권은 구성원이나 정책 모두에서 근본적으로 이 지배 계층을 대변하고 있었다. 그런데 노무현 정부는 이들이 아니라 20~30대 젊은 층의 취향과 정서를 대변하여 집권하였고, 특히 젊은 도시 지식층의 탈권위주의 정서에 부응하여 선풍을 일으켰다.

새로운 정치 세력 등장의 모습으로 또 하나 중요한 점은 진보 정당이 원내에 진출하였다는 사실이다. 2004년 제17대 총선에서 민주노동당이 10석을 차지하였다. 해방 이후 잠시 번성하였던 좌파가 건국과 함께 급격히 쇠망한 뒤에 처음으로 있었던 진보 계열의 약진이었다. 국민의 냉전 이데올로기가 약화되었고 선거 제도의 개선으로 비례대표제를 확대한 것이 진보 정당의 원내 진출을 가능하게 하였다. 물론 이들은 여전히 주류 세력이 되지 못하였고, 가장 왼쪽에 있었던 민주노동당의 강령도 중도 좌파 정도의 노선이라, 한국 정치의 보수 구도를 흔들 정도는 되지 않았지만, 그래도 뜻있는 변화라고 할 수 있었다.

한편 노무현 정부는 과거 청산 개혁을 시도하였는데, 이것이 당파 싸움을 일으켰다. 친일, 독재, 구태 정치의 과거 청산과 냉전 이데올로기 청산이 핵심이었다. 앞의 것은 김영삼, 김대중 정부도 시도하였으나 여전히 남아 있는 것이었다. 두 김씨 스스로 권위주의 일인 지배, 정경 유착, 부정부패, 패거리 정치 등 이른바 구태 정치의 유산을 보인 사람들이었다. 제도, 사고방식, 인적 구성 모두에서 권위주의 과거가 잔존한 것이었다. 친일 청산 역시 기득권층의 이해가 걸린 문제라 쉽지 않았다. 노무현 정부의 개혁 시도 역시 주류 기득권층의 거센 저항을 받았다. 이 중 구태 정치 청산^{부패 청산, 지}역 패거리 정치 청산 등은 워낙 명분이 커서 느리지만 개선되는 방향으로 나아갔다. 이에 비해 과거사 청산^{친일 청산과 냉전 잔재 청산}은 기득 이익이 관련되었기 때문에 많은 갈등을 일으켰고, 그 결과 어정쩡한 타협으로 귀결되었다. 특히 냉전 잔재의 청산은 많은 갈등을 일으켰다. 국가보안법 개폐를 둘러싼 갈등이 대표적이었다. 그것은 반공 냉전 이데올로기 세력과 이른바 '친북' 세력 간의 갈등이었고, 이념 갈등이면서 세대 갈등이 겹치는 모습을 보여 주었다. 국가보안법은 결국 개정되거나 폐기되지 않았다. 전체적으로 노무현 정부의 과거 청산 시도는 실패로 돌아갔다. 그것은 기득권 세력이나 냉전 세력의 저항 때문에 과거 청산이 언제나 매우 어렵다는 사실을 증명하였다.

제도 발전과 당파 싸움

일인 지배의 지역 붕당 체제가 깨지면서 한국 정치는 조금씩 제도화의 방향으로 나아갔다. 민주주의의 제도적 발전을 위해 국회는 2004년 제17대 총선을 앞두고 정치 관련법들을 획기적으로 개선하였다. 공명선거를 위해 선거법 위반자에 대한 처벌 기준을 강화했으며, 국회의원 선거에서 지역구와 비례대표의 1인 2 투표제를 도입하였다. 국회의원 정수를 273명에서 299명으로 늘렸으며, 법정 지구당을 폐지하여 정당 대신 후보자 중심으로 선거 운동을 하게 만들었다^{그러나 여전히 정당의 구속력은 강하였다}. 각 정당들은 상향식 공천을 제도화하여 정당 민주화에 한 걸음을 더 내디뎠다. 이렇게 선거 제도와 선거 문화는 개선되었으나 정당 정치는 그때나 지금이나 여전히 제자리를 찾지 못하고 있다. 2004년 제17대 총선을 앞두고 노무현 대통령의 선거법 위반 여부를 둘러싸고 일어난 당파 싸움은 급기야 한나라당이 국회에서 대통령 탄핵안을 통과시키는 대한민국 헌정 사상 초유의 사태로까지 갔으나, 헌법재판소가 거부권을 행사하여 무위로 돌아갔다. 탄핵 소동으로 야당인 한나라당은 대통령을 몰아내지도 못하고 오히려 국민의 비난만 자초하였다. 그 결과 4월의 총선에서 한나라당이 참패하고 여당인 열린우리당이 여유 있는 다수 의석을 차지하게 되었다. 그러나 이후 2005년 4월 30일 실시된 재보궐선거에서 열린우리당은 6석 중 1석도 얻지 못해 과반수 의석을 유지하는 데 실패하였고, 정국은 다시 여소야대로 돌아갔다.

　　여기서 열린우리당 창당이 정당 정치의 제도화라는 점에서 어떤 의미를 지니는지를 간단히 살펴볼 필요가 있다. 열린우리당은 노무현 후보가 대통령으로 당선된 뒤 민주당 안의 노무현 지지자들이 김대중의 영향력 아래 있는 민주당 주류 인사들과의 단절을 시도하여 만든 정당이다. 김대중 개인 정당이라고까지 할 수 있었던 호남 기반의 민주당을 빠져나와 열린우리당을 만들었다는 사실은 3김 정치 청산이라는 상징성이 있었지만, 다른 한편 정권이 바뀔 때마다 집권 정당을 바꾸는 구태가 재연된 부정적인 면도 있었다. 실제로 열린우리당은 여러 계파로 이루어졌지만, 핵심은 노무현 지지자들이었다. 물론 노무현이 그 안에서 절대 권력을 휘두르지는 못하였지만, 어쨌든 특정 대통령에 따라 정당이 생기고 없어지는 모습이 다시 나타난 것이었다. 정당의 제도화가 아직 이루어지지 못한 증거였다. 노무현 대통령의 임기가 끝나자 열린우리당은 자연히 소멸하였다.

문제점과 갈등의 성격

지역주의 보스 패거리 정치가 끝났다는 점이 노무현 정부의 가장 큰 정치사적 의미였지만, 노무현과 주변 세력들의 미숙한 행태는 그 중대한 의미를 크게 훼손해 버렸다. 노무현 세력은 자신의 국정 최우선 과제를 과거의 잘못된 유산 청산에 두었다. 지역주의 타파, 과거사 청산, 권위 해체, 언론 바로세우기 등등이었다. 물론 이런 과제들은 매우 중요하다. 4대 개혁 입법국가보안법, 사립학교법, 과거사진상규명법, 언론관계법을 추진하려고 하였는데, 취지는 좋았다. 그러나 그들은 이런 과제들을 국정 최우선 과제로 삼고, 더 나아가 대결 지향적으로 해결하려 들었다. 그리하여 정치 갈등만 부추기고 별다른 성과는 내지 못하는 최악의 결과를 낳았다. 그들은 민주화 투쟁을 중심으로 한 자신의 좁은 경험에 입각하여 세상을 바라보았다. 노무현은 영남 비주류로서 지역주의의 피해를 본 뒤 지역주의가 한국 정치의 최고 악이라고 생각하였던 것 같다. 그를 대통령으로 만들어 준 민주화 세력은 자신들이 국가보안법의 피해를 보았으니 그것이 한국 정치의 최고 악이라는 의식, 무의식의 포로가 되었다. 그러나 지역주의는 3김씨의 정계 퇴장으로 이미 약화되고 있었다. 더구나 사학법 개정, 보안법 개폐, 언론 길들이기 등은 비주류 소수파 정권이 감당하기 어려운 일들이었다. 혁명의 심정으로 밀어붙였든지 아니면 처음부터 타협으로 나갔든지 둘 중 하나였어야 하는데, 이도 저도 아닌 어정쩡하면서 동시에 오만한 태도로 기득권층과의 충돌만 악화시켰다.

그들은 집권 당시부터 대결 지향적인 자세를 취하였다. 민주화를 주도한 세력이라는 자부심, 지역주의를 걷어찼다는 긍지, 권위를 해체하고 과거사를 바로잡겠다는 의지, 모두 좋은 것들이었다. 그러나 그것이 지나쳐 다른 정치 세력들을 죄악시하고 독선과 오만에 사로잡혀 반대파를 부정하고 국민을 가르치려 든 자세는, 우선 반대파들의 원한'반대' 정도가 아니었다을 심화시켰고, 다음에 국민 다수의 불쾌감을 가중시켰다. 게다가 대통령의 좌충우돌식 언행은 정파들 사이의 충돌을 심화시키고 일반 국민들의 피로감을 증가시켰다. 이른바 386 운동권 세대의 아마추어적인 행태가 세대교체의 긍정적인 면을 다 갉아먹는 독소로 작용하였다.

노무현 정부는 선거전 당시부터 진보 세력임을 표방하였지만, 정작 그들이 시행한 정책들을 보면 그렇게 볼 수가 없었다. 권위해체, 과거사 청산, 대북 화해 정책 등 정치나 역사의 면에서는 진보적이었다고 볼 수 있으나, 사회, 경제적으로는 한미 자유무역협정을 앞장서 추진하고 친기업 정책을 펴는 등 신자유주의적인 정책을 펼쳤다. 그 결과 사회적 양극화를 부추겨 국민 다수의 삶을 더 어렵게 만들었다. 당시 비정규직과 신용 불량자가 급증하였다. 이러한 정책과 이념의 혼란은 지지 세력을 당혹케 하고 반대 세력의 반감을 악화시켰다.

　　이런 상황에서 정치 갈등이 고조되었다. 지역 갈등, 이념 갈등, 세대 갈등 들이 중첩되었다. 지역주의는 민주화 이후 한국 민주주의 발전을 저해하는 가장 큰 해악으로 한동안 지적되었다. 지역주의적 투표 행태가 정치적 동원의 결과가 아니라 유권자들의 합리적 선택의 결과라는 주장도 있다. 유권자들이 자신의 이익을 위해 자기 지역 출신 인사가 대통령이 되기를 원했고 또 그가 지배하는 정당 후보자가 국회의원이 되기를 원하였다는 주장이다.* 그런 점이 있을 것이다. 그러나 1987, 1992, 1997년 대선에서의 그 엄청난 열기, 각 지역에서 경쟁 지역 후보가 발 못 붙이는 살벌한 분위기 등을 볼 때, 해당 지역 유권자가 그 지역 인사 아닌 사람에게 투표하는 것은 뚜렷한 소신이 있지 않는 한 쉬운 일이 아니었을 것이다. 그것은 합리적 선택과는 무관한 감성적이거나 사회 구조적인 일이었다.

　　이념 문제는 갈등의 또 다른 주요 원인이었다. 이념 갈등이 제도권 안에서 처음으로 일기 시작한 것은 김영삼 정부 때인데 시간이 지나면서 더 악화되었다. 그런데 한국 정치에서 나타나는 이념 문제들의 특징은 전통적인 서구의 이념 갈등과는 많은 차이가 있다. 첫째, 한국의 이념 갈등은 좌우파 사이의 이념 갈등이라고 하기 어렵다. 그래서 흔히 보수-진보파로 구분한다. 이 둘의 차이를 여러 각도에서 볼 수 있겠지만, 기본적으로 좌우파는 사회, 경제 체제의 성격에 관한 것이고, 보수-진보는 현상을 유지하려고 하느냐 아니면 바꾸려고 하느냐에 관한 것, 즉 발전의 방향과 속도에 관한 것이라고 할 수 있다. 그래서 좌우파의 구분 기준은 근본적으로 사회

* 조기숙, 『지역주의 선거와 합리적 유권자』(서울: 나남 출판, 2000).

주의와 자본주의 체제 사이의 선택에 관한 것이고, 자본주의 체제를 기본으로 하더라도 거기서 시장 원리를 얼마나 중시할 것이냐, 정부 개입을 얼마나 허용할 것이냐, 사회 복지 비용을 얼마나 늘릴 것이냐, 민영화와 국공영화의 비중을 얼마나 할 것이냐 하는 정책 노선에 관한 것이다. 이런 구분 기준으로 보면 한국은 과거나 현재나 여전히 우파가 지배하는 사회다. 이런 상황이기 때문에 한국 정치 세력이나 일반 국민들 사이의 이념 격차는 그렇게 크지 않다. '좌파'라고 공격받은 노무현 정부 역시 세계의 보편적인 기준에 따르면 오히려 우파에 가까웠다. 굳이 따지자면 중도 우파 정도에서 시작하여 시간이 지날수록 점점 더 오른쪽으로 옮겨 갔다고 할 수 있다. 심지어 노 정부가 '진보적'이었다는 세간의 평가도 의문스러운 점이 없지 않다. 물론 복지 예산을 증액하고 김대중 정부의 남북 화해 정책을 계승한 점에서는 진보적인 모습을 보이기도 하였다. 그러나 동시에 기업 활동을 중시하고 한미 자유무역협정 등 신자유주의적인 정책을 추진하였다. 대북 정책 역시 아무런 파격적인 남북 관계 개선도 시도하지 않았다는 점에서 크게 진보적이랄 것도 없었다. 한미 동맹에 대해서도 그렇다. 노 대통령은 '자주'적인 대미 관계를 언급하기는 하였으나, 이를 뒷받침할 아무런 실질적인 행동도 하지 않았다. 오히려 말이 너무 앞서는 바람에 쓸데없는 분란만 일으켰다. 그는 동북아 균형자론을 외교 정책으로 내세웠지만, 그것이 꼭 좌파 또는 진보파의 노선이리라는 법은 없다. 일본의 우익들처럼 우파들이 자주 노선 또는 민족주의 노선을 택하는 것이 오히려 자연스럽다. 노 대통령의 외교 노선은 근본적으로 미국또는 강대국 의존 외교를 탈피하지 못하였다는 점에서 이전과 크게 다를 바 없었다.

둘째, 하지만 객관적인 사실보다 주관적인 판단이나 느낌이 더 중요할 수 있다. 다시 말해, 이념 격차가 작다고 해서 이념 '갈등'도 작으라는 법은 없다. 당시 한국의 이념 갈등은 이념 격차에 비해 큰 편이었다. 무엇보다 객관적인 사실과는 관계없이 보수파들이 노 정부를 좌파 또는 진보파라고 '느낀' 것이 정치적으로 중요하였다. 진보 세력과 보수 세력이 처음으로 비슷한 세력으로 각축을 하게 되자 보수파의 불안이 커졌고, '첫 경험'인 만큼 서로가 세련된 경쟁에 익숙하지 않고 거친 언행으로 상호 불신을 부추겼다. 김대중 집권 때도 그랬지만, 노무현 정부의 경우 이에 덧붙여 세대 간, 행동 유형상의 차이가 겹쳤고 이것이 이념 격차로 혼동되면서 이념 갈등이 더 부각되었다고 할 수 있다. 이렇게 보면 결국 '이념 갈등'은 한국 정치에서의 자신의 위치와 이에 따른 이익들 사이의 갈등을 포장하는 포장지의 역할을 하는 경우가 많다는 점을 알 수 있다.

노무현 정부 당시 많은 사람이 이념 갈등이라고 여긴 것 중 많은 부분이 사실은 다른 토대의 갈등이었다. 김대중 정권의 경우도 정치 갈등의 주요 원인은 이념 차이보다는 지역, 성분의 문제가 더 컸다. 이념 갈등 자체도 실제적인 이념 격차보다는 '정서적 배타성'이 더 중요하였다. 여기서는 이를 '성분 갈등'이라는 말로 표현하려 한다. 성분이란 정서, 취향, 기질, 말투, 행동 양식 등을 아우르는 정서적인 요소와 이에 영향을 주는 연령이나 출신 배경 같은 객관적인 요소, 또 이에 따른 상호 인식이라는 주관적인 요소들의 결합체다. 성분 교체는 세대교체와 함께 와서 정파들 사이의 차이를 한꺼번에 넓혔다. 노무현 대통령은 대학을 나오지 못한 상고 출신으로 엘리트주의에 젖은 보수파가 정서적으로 인정할 수 없었다. 지지 세력인 이른바 386 또는 노사모로 대표된 젊은 세력 역시 그들에게는 정서적으로 받아들일 수 없는 세력이었다.[*] '노무현을 사랑하는 사람들의 모임'의 무리, 붉은 셔츠의 촛불 시위 등에 보수적인 기성세대, 기득권층이 혐오감과 심지어 공포를 느꼈다.

그런데 이러한 성분 갈등은 세대 갈등과 밀접히 맞물렸다. 성분의 차이가 세대 차이뿐만은 아니지만 그것이 가장 중요한 요소였다고 할 수 있다. 여기서 이른바 386세대의 특성을 간단히 서술할 필요가 있다. 386세대는 그 말이 처음 나온 1990년대 후반에는 30대 1960년대 출생자로, 1980년대 대학 학번의 고학력 청년층을 의미하였다. 이들은 전두환 정권 시절 반정부 민주화 투쟁을 몸소 겪은 세대로서, 대체로 중산층으로 사무직, 전문직에 종사하면서 비교적 진보적이고 탈권위적인 성향을 지닌 이들이었다그러나 그들 사이에서는 매우 권위주의적인 이중성을 보이기도 하였다. 노무현의 집권에 밑받침이 된 이들 청년 세대들은 보수적인 기성세대와는 기질과 취향, 행동 양식이 매우 달라 이들과 기질적 갈등, 곧 성분 갈등을 일으켰다. 이러한 세대와 성분 차이가 이념 차이로 나타난 것은 주로 냉전과 권위주의 유산 청산에 관해서였다. 이런 청산 움직임은 김대중 정부에서부터 시작되었지만, 노무현이라는 새로운 세력이 등장함으

---

[*] 김대중 대통령도 비주류 출신이었고 '빨갱이'였지만, 그래도 그는 나이 많은 구세대 인물이었고 오랫동안 기성 정계에서 잔뼈가 굵었다. 적어도 그런 점에서는 주류 엘리트들과 비슷하였다.

로써 심화되었다. 이전까지 지역주의 문제에 눌렸던 냉전, 권위주의 청산 문제가 지역주의가 약화되자 고개를 든 것이었다.

2.
이명박 정부:
보수 회귀의 문제점

노무현 정부 말기에 와서 경제 상황이 매우 안 좋아졌다. 부동산 정책의 실패로 주택 가격이 급등하고 사회적 양극화가 심화되었다. 대통령과 정부는 이런 민생 문제의 중요성을 충분히 인식하지 못하고 보수파와의 대결에 몰두하였다. 그리하여 노무현 대통령의 국민 지지도는 말기에 와서 형편없이 낮아졌다. 외환위기의 직격탄을 맞은 김영삼 임기 말에 필적할 정도였다. 이러한 상황이 제17대 대통령 선거에서 야당 후보인 이명박에 대한 '묻지 마' 투표 현상을 불러왔다. 2007년 12월의 제17대 대선에서 한나라당의 이명박 후보가 유효 득표의 48%를 얻어 26%를 얻은 대통합민주신당의 정동영 후보를 크게 누르고 당선되었다.

이명박 집권의 의미

선거전이 시작되기 전부터 이미 대세는 판가름 나서 그 대선은 역사상 가장 재미없는 대선이 되고 말았다. 노무현 정부의 행태와 경제적 어려움에 대한 반감이 일반 유권자들의 이반을 가져오고,

이를 틈탄 이명박 후보의 '경제 살리기' 구호가 유권자들에게 큰 매력을 주었다. 특기할 만한 일은 이 후보는 명백히 친재벌의 보수 후보였는데도 경제를 살려 준다는 유혹에 서민, 중산층들도 대부분이 넘어갔다는 사실이었다.

어떻게 보면 이명박이 당선된 가장 근본적인 원인은 정치사의 주기에 있었다고 할 수 있다. 다시 말해, 김대중, 노무현으로 이어진 비주류 세력의 10년 집권 자체가 경이로운 일이었다. 김대중과 노무현은 한국 정치뿐 아니라 사회 세력 구도에서 분명히 소수파에 속했고, 한국 사회의 비주류를 대변하였다. 정부가 소수파이다 보니 국정 운영에 엄청난 어려움을 겪을 수밖에 없었다. 주류이자 다수파인「조선일보」, 한나라당 등 보수 세력들은 시종일관 덜 보수적인 비주류 정부들을 깎아 내렸고, 국민 대중들도 보수파의 부정적 여론 공세에 의식적, 무의식적으로 동조하는 분위기가 형성되었다. 게다가 노무현 정부의 좌충우돌 행태가 국민 다수의 혐오감을 불러 일으켜, 나라 전체에 이제 뭔가 바뀌어야 한다는 분위기가 형성된 것이다. 그런데 여기서 고려해야 할 문제가 있다. 그것은 국민들의 도덕성 문제다. 집권 여당은 이명박의 각종 비리, 특히 이른바 BBK 사건이 그에게 치명타를 줄 것이라는 희망을 가졌다. 그러나 그것은 투표 결과에 별 영향을 주지 않았다. 유권자들은 도덕성보다는 경제 살리기를 더 높은 가치로 여겼다. 게다가 이명박 후보가 내세운 자율형 사립고등학교 100개 신설, 종합부동산세 완화 등의 공약들이 사교육을 부추기고 계급 간 격차를 더 벌리는 정책이라는 것을 모른

채, 서민들은 그저 경제를 살려 주겠거니 하면서 이명박에게 표를 몰아주었다. 무지한 일이었다.

비주류 집권 10년 동안에도 주류 세력의 한국 지배는 근본적으로 변하지 않았다. 비주류 정치권력에 대한 주류의 사회 권력 및 경제 권력의 줄기찬 공격으로 정권은 무너지고 말았다. 정부 정책들도 처음에는 진보적인 요소들이 있었으나 시간이 지나면서 보수화되었다. 보수 세력의 공격을 견딜 수 없었기 때문이다. 이런 상황에서 이명박 정부가 출범하면서 보수 지배는 더 본격화되었다. 이명박 당선의 의미는 무엇보다도 비주류 집권 10년을 끝내고 주류 보수 엘리트 세력이 다시 집권하였다는 사실에 있었다. 이명박 측은 시장주의와 개발주의를 이념적 기반으로 하여, 한반도 대운하 건설, 친기업 정책, 민영화, 교육 평준화 약화, 영어 교육 강화, 복지 예산 동결 등을 통해 경제 살리기를 하겠다고 공언하였다. 그러나 공약과는 반대로 경제는 살아나지 않고 양극화는 더 심해졌다.

민주주의의 후퇴

이른바 '747' 경제 목표 연 7% 성장과 10년 후 1인당 4만 달러 소득, 세계 7대 선진국을 이루겠다는 목표를 공약으로 내걸었던 이명박 정부는 취임 초기에 대기업 지원, 규제 완화 등을 통한 성장 위주 정책을 펼쳤다. 출범 초기부터 출자 총액 제한 완화, 금산 분리 완화 등 규제 완화 정책으로 친기업적 행보를 뚜렷이 하였다. 취임 전 대통령직 인수위원회는 한 발 더 나아가 영어 몰입 정책을 펴고 교육에 시장

기능을 강화하겠다고 공언하기도 하였다. 명백히 상류층이나 기득권층에 유리한 신자유주의적인 정책들이었다. 그러나 그런 정책들은 입안 초기 단계에서부터 많은 국민의 비판에 직면하여 실행될 수 없었고, 여러 신자유주의적 정책이 한국 현실에 맞지 않는 부분이 드러나자 정부는 어느 정도 궤도 수정을 하게 되었다. 또 시간이 지나면서 '공정', '공생' 등의 구호를 내걸고 서민을 배려하는 모습을 보이기도 하였다. 요컨대 이명박 정부는 신자유주의 정책을 야심 차게 시작하려고 했으나, 서민 생활의 어려움과 정치적 반대에 직면하자 좀 더 중도적인 방향으로 선회하였던 것이다.

　　노무현 정부 당시에 이미 심화되고 있던 사회, 경제적 양극화가 이명박 정부의 친기업 정책에 따라 더 심각해졌다. 이미 김대중, 노무현의 '진보' 정권들에서부터 그런 현상이 심해졌는데, 이명박 정부는 이전 정부들을 좌파라고 규정한 뒤 이를 '극복'하고 시장 위주의 경제 성장을 이루겠다고 나섰으니, 양극화는 더 심해질 수밖에 없었다. 그중에서도 특히 중요한 문제는 비정규직 증가와 자영업자의 몰락이었다. 대기업은 갈수록 덩치를 키워 가고 중소기업은 몰락하였으며, 재벌의 경제력 집중이 더 심화되었다. 경제는 '고용 없는 성장'의 전형을 보였고, 청년 실업은 심각한 지경에 이르렀으며, 정규직과 비정규직의 임금 및 고용 조건의 격차가 심각하여 큰 사회적 문제가 되었다. 사실 이런 문제는 박근혜 정부를 거치고 이후 문재인 정부가 들어선 오늘도 계속되고 있다.

　　이명박 대통령은 '여의도 정치', 즉 민주 정치에 필수적인 대의 정치 과정을 이해하지 못하였고, 이에 대한 혐오감마저 드러내었다. 그는 오랫동안 몸담았던 건설 회사의 총수와 같은 논리와 방식으로 국정을 도모하려고 하였다. 정치 과정에서 꼭 필요한 여러 다양한 이해관계의 조정과 적대적 정치 세력들 사이의 힘겨루기나 타협 과정을 불필요하고 비효율적인 것으로 여겼다. 그 전에도 그랬지만 특히 1997년 외환위기 이후 한국 정치와 사회에는 정치 과정을 무시하고 효율성과 시장 논리만을 내세운 신자유주의적인 논리가 횡행했고, 그 일환으로 기업가 정치인이나 기업가 같은 대통령에 대한 여망이 팽배하였다. 정치권뿐 아니라 사회 전체가 그랬다. 한국 사회의 가벼움과 지성 부족을 상징하는 일이었다. 이명박은 그런 논리에 충실한 사람으로 그런 사회적 분위기에 힘입어 대통령에 당선될 수 있었다. 가장 정치적인 자리인 대통령직을 아주 탈정치적인 심성의 이명박이 차지함으로써 한국 정치는 '소통 부재'의 어두움 속에 빠지고 말았다. 소통 부재라는 말은 이명박 대통령의 정치 행태를 비판하는 핵심어가 되었다. 하지만 그의 문제는 소통 부재라기보다는 잘못된 정책 방향에 있었다. 그는 소통을 아주 안 한 것이 아니다. 그와 뜻이 잘 맞는 사람들과는 소통을 잘하였다. 반대 의견에 귀를 기울이지 않았다는 비판을 그렇게 표현한 것이었다. 노무현이 지나치게 좌충우돌하면서 정치 과잉의 행동을 보였다면, 이명박은 그와 반대로 지나치게 정치를 기피하는 문제점을 드러내었다고 할 수 있다.

　　노태우 취임 이후 꾸준히 발전하던 한국 민주주의를 이명박

정부는 오히려 후퇴시켰다. 가장 대표적인 사례가 언론 장악이었다. 정부에 대해 비판 기능을 해야 할 대표적인 공영 방송사의 사장들을 대통령 측근 인사들로 채우고, 비판하는 관계자들을 억압하였다. 이로써 공정 보도가 사실상 불가능하게 되었다. 미국산 쇠고기 수입 이른바 광우병 쇠고기에 반대하는 촛불 시위대를 폭력적으로 진압하고 소통을 거부하면서 전경 버스들로 이른바 '명박산성'을 쌓았다 2008년 5~6월. 정부 기관이 정부 정책에 비판적인 민간인을 사찰하는 등 인권 억압도 자주 일어났다. 국가인권위원회는 기구를 축소하고 제구실을 하지 않아 국제적인 비판에 직면하였고, 한국 인권 상황에 대한 국제 평가를 추락시켰다. 전체적으로 이명박 정부 들어 언론 자유가 후퇴하고 인권 탄압이 악화되었다는 평가가 일반적이었다. 또 민주주의의 토대가 될 사회, 경제적 평등도 매우 악화되었다. 여러 번 지적한 사회적 양극화의 문제이다. 사회적 양극화 그 자체는 민주주의가 쇠퇴하였다는 증거가 될 수 없지만, 민주주의를 쇠퇴시킬 사회적 토대를 이룬다. 어느 정도의 사회, 경제적 평등이 보장되지 않으면 못 가진 자의 정치 참여가 제한될 수밖에 없기 때문이다.

이명박 정부는 중반기에 들면서 초기의 신자유주의 정책을 상당 부분 포기하고 중도 노선으로 방향을 틀었다. 이에 비해 대북 정책 분야에서는 변화가 없었다. 실상 그때나 지금이나 한국의 보수와 진보 세력이 가장 대립되는 곳이 바로 이곳이다. 보수 세력은 김대중, 노무현 정부의 '용공' 정책을 받아들일 수 없었기에, 이명박

정부가 수립되자마자 바로 대북 포용 정책을 폐기하고 적대 노선으로 돌아섰다. 그 뒤 남북한 관계는 아무런 진전이 없었다. 그렇다고 강경 보수 세력이 원하는 바와 같이 북한 체제가 붕괴할 조짐도 보이지 않았다. 오히려 남북한 관계 악화는 대한민국의 안보에 치명상을 가하여 천안함 피격2010년 3월 26일과 연평도 포격 사건2010년 11월 23일 같은 비극의 배경이 되었다. 물론 그 일차적인 책임은 북한이 져야 하지만, 이명박 정부의 대북 적대 정책이 북한 도발의 여건 조성에 기여하였다는 사실도 부인할 수 없다. 대북 정책은 양극화 심화, 민주주의 후퇴와 더불어 이명박 정부의 대표적인 정책 실패 분야이다.

공통점과 정책 수렴

노무현 정부와 이명박 정부는 얼핏 보면 매우 다른 것 같지만 비슷한 점도 많았다. 우선 그들은 모두 정치 지도력의 미숙함을 보였다. 그들은 모두 갈등 조정이나 국민 통합보다는 좁은 자신의 경험에 의존하고 좁은 측근 세력에 발판을 두어 대결적 자세나 협소한 정치력을 보여 주었다. 노무현 세력은 반대 세력을 권위주의 보수 세력으로 규정하여 타도의 대상으로 보았고, 이명박 세력은 반대 세력을 좌파 세력으로 역시 배제의 대상으로 보았다. 정치 사회와 시민 사회에 뿌리박은 다양한 이해관계와 이념 성향을 아우르고 국가 발전의 청사진을 제시할 지도자로서의 혜안이나 관용을 그들은 지니지 못하였다. 노무현은 야당 투사로서, 이명박은 건설회사 회장으로서의 역할을 벗어나지 못하였다. 모두 진정한 정치가 무엇인지, 대통령의 리더십이 어떠해야 하는지에 대한 지혜와 통찰이 부족하였다.

둘째, 그들은 가상 적을 지나치게 과장하였다. 노무현 세력은 지역주의와 권위주의 타파를 당시 한국 정치의 가장 중요한 과제로 생각하였으나, 그보다 더 시급한 것은 민생 안정과 빈부 격차 해소였다. 과거사 문제 해결, 국가보안법 폐지, 국가 균형 발전 같은 정책들도 의미 있는 정책들이었으나, 보수 세력이 득세한 현실에서 실현하기 어려운 과제들이었다. 이명박 세력은 김대중, 노무현 세력을 좌파로 과장되게 규정하고 이들의 집권을 보수 지배로 되돌리기 위해 무리수를 두었다. 이로써 사회, 경제적 양극화를 부추기고 북한과의 관계를 단절시키는 동시에 민생 해결에 아무런 기여를 하지 못하였다. 노무현 세력이 과거사 단절의 비현실적인 목표에 매달린 만큼, 이명박 세력은 4대강 사업처음에는 한반도 대운하 사업을 추진하였으나 이후 완화된 것이었다과 같은 대규모 토건 사업에 매달려 시대착오적인 개발 시대로의 회귀를 꿈꾸었다. 노무현의 권위 파괴는 정당한 권위마저 파괴하여 혼란을 불러왔고, 이명박이 내세운 경제 살리기는 기업을 편들고 서민을 소외시켜 국민 대다수의 삶을 피폐하게 만들었다.

셋째, 이 두 정치 세력은 각각 진보와 보수를 표방하고 나왔으나, 결국은 비슷한 정책으로 수렴되었다. 노무현 정부를 좌파라고 규정한 사람들은 북한에 대한 유화적 태도, 국가보안법 폐지 시도

등을 주로 겨냥하였고, 여기에 친일과 독재의 과거사 들추기, 권위 타파, 지방 균형 발전과 같이 좌파와 별 상관없는 정책들에 대한 반감으로 좌파의 꼬리표를 붙였다. 이명박 정부는 친기업 정책과 시장주의적 교육 정책 등으로 명백히 우파적이고 신자유주의적인 이념을 표방하고 나왔으나, 시간이 지나면서 점점 더 중도적인 정책으로 옮겨 갔다. 이른바 공정 사회, 공생 발전 등의 구호들이 그런 연유로 나왔다 그러나 구호에 그칠 뿐 아무런 실천이 없었다.

이렇게 보면 한국 정치에서 좌파와 우파, 보수와 진보를 편 갈라 대결을 펼치는 것이 어느 정도 무의미하다는 사실을 알 수 있다. 우선 한국의 보수와 진보는 그 이념적 거리가 그리 크지 않다. 게다가 보수와 진보 어느 쪽이 집권하더라도 한쪽의 정책을 일방적으로 펼칠 수 없는 형편이다. 앞으로 한국 정부의 정책 성향은 중도 우파로 수렴될 가능성이 크다. 굳이 차이를 두자면 '중중우'와 '중우우'의 차이 정도라고 할까? 이념적 거리보다 더 큰 갈등의 요인은 역시 작은 차이도 조화시키지 못하는 타협 미숙과 통합적 지도력의 부재이다. 그리고 정서적인 휩쓸림이다.[*] 정치권과 엘리트, 일반 대중 모두 마찬가지이다. 우리가 시급히 해결해야 할 일은 좌파 세력의 척결도 아니고 우파 세력의 제거도 아니고 양자 간 대결에서의 어느 쪽의 승리도 아니다. 우리 정치에 당장 필요한 것은 갈등을 민주적으로 해소할 정치 문화와 제도의 성숙이다. 정치권과 국민 모두에서 그렇다.

[*] 김영명, 『한국 정치의 성격』(서울: 오름, 2016) 참조.

3.

촛불 혁명인가
장기 발전인가

|

2017년 박근혜 대통령이 탄핵당하였다. 최순실에 의한 국
정 농단 때문이었다. 평범한 능력과 지성의 최순실이라는 일반인이
대한민국의 주요 정책들을 대통령 뒤에서 흔들었다. 박근혜 대통령
은 자기 자신의 판단으로 한국을 이끌어 나갈 능력이 없는 사람이었
다. 국가는 고사하고 조그만 집단조차도 앞길을 제시하고 구성원들
을 이끌어 나갈 능력이 없었다. 그래서 최순실에게 기대었다. 그러
면 어떻게 해서 이런 사람이 대통령이 될 수 있었을까? 그것은 한국
유권자들의 수준이 그랬기 때문이었다. 또 박근혜의 참모습이 너무
안 알려졌기 때문이기도 하였다. 박근혜가 대통령으로 당선될 수 있
었던 가장 큰 원인은 그녀의 아버지인 박정희에 대해 상당수 국민이
가진 향수 때문이었다. 김대중, 노무현 등 비주류 정치인들에 대한
보수 세력들의 반감이 박정희 향수와 결합되었고, 그 향수가 박근혜
에게 투사되었다. 여기에는 부모 모두를 총탄에 잃은 독신 여성 박
근혜에 대한 일종의 동정심 또한 작용하였다. 2012년 12월 제18대
대통령 선거에서 문재인 후보가 박근혜와 겨루었지만 석패하였다.
그만큼 박정희 향수를 지닌 보수 세력의 숫자가 많았다는 의미였다.
실제로 유권자의 대부분이 박정희 독재를 직접 경험하지 않았기 때
문에 그 폐해를 경험하지 못하였다. 젊은이를 위시한 대부분의 국민

이 권위주의 독재의 해악을 경험하지 못하고 민주주의를 당연하게 주어진 상황으로 받아들였다. 그에 비해 박정희가 대통령으로서 선 도한 경제 성장의 과실은 고스란히 누리고 있었다. 박정희의 해악은 모르고 과실은 직접 누리는 상황이 된 것이다. 기득권을 누리거나 민주 과정의 소란에 실망하거나 북한에 적대적인 많은 국민 사이에 박정희에 대한 향수가 뿌리내렸고 그것이 박근혜에게 투사된 것이 었다. 그러나 탄핵 사태로까지 이어질 박근혜의 실상을 당시에는 대 부분의 국민이 몰랐다.

박근혜 탄핵을 촉구하는 촛불 시위가 오랫동안 지속되었다. 탄핵은 국회에서 3분의 2 찬성으로 의결하고 헌법재판소가 인용하 면 성사된다. 행여 탄핵이 불발할까 봐 많은 시민이 거리에 모여 촛 불을 켜고 시위를 벌였다. 이에 대항하여 박근혜를 옹호하고 탄핵을 반대하는 노인 중심의 이른바 태극기 부대가 반대 시위를 벌였다. 직 접적인 충돌은 없었지만 한동안 대한민국의 여론이 둘로 갈라져서 갈등을 일으켰다. 물론 촛불 시위대의 숫자와 영향력이 더 컸다. 마 침내 탄핵은 국회에서 의결되고 헌법재판소가 이를 인용하였다. 박 근혜는 탄핵되고 구속되었다. 최순실도 구속되고 부정하게 돈을 건 넨 삼성 재벌의 최고 실력자 이재용도 구속되었다. 최순실의 딸을 대 학에 부정 입학시킨 이화여대 총장과 다른 관계자들도 구속되었다. 불법적인 사찰과 간섭을 일삼던 정부 관계자들도 다수 구속되었다.

탄핵으로 생긴 대통령 자리를 선거를 통해 문재인이 이어받 게 되었다. 이명박, 박근혜로 이어진 보수 정부의 시대가 가고 김대중, 노무현을 잇는 민주당의 문재인이 이를 대체하게 된 것이다. 문재인 새 대통령은 '적폐 청산'을 기치로 내걸고 박근혜 정부 당시 벌어졌던 각종 불법 비리 사건들을 청소하고 있다. 1987년 개정된 헌법도 시대에 맞게 고쳐야 한다는 여론이 강해지고 있다. 이런 일련의 사건들은 마침내 '촛불 혁명'이라는 용어를 탄생하게 하였다. 거리에 촛불을 들고 나온 민주 시민들의 여망에 맞추어 새로운 한국, 정의로운 한국을 건설할 기회가 왔다는 것이다. 과연 그 기회가 왔다. 그러나 그런 혁명적 변화가 과연 단시일에 올 것인가? 아니. 회의적이다. 무엇보다 촛불 혁명이라고 일컬을 만한 내용이 별로 없기 때문이고, 혁명의 주체가 되어야 할 세력, 곧 새 집권 세력이 혁명적이지 못하기 때문이다. 촛불 시위는 박근혜 탄핵을 위한 것이었다. 박근혜가 어지럽혀 놓은 민주주의와 정의를 되살리자는 목표였다. 그러나 과연 그것의 구체적인 내용은 무엇이었던가? 검찰 개혁 등 미시적이고 논란 많은 사안 외 별다른 것이 없었다.

한국에 일어나야 할 혁명적인 변화는 단기간에 일어날 수 없다. 오랜 시간이 걸리는 일들이다. 부정부패의 최소화, 정해진 절차의 준수, 사적 관계에 앞선 공적 관계의 확립, 법 절차에 대한 존중, 부조리한 법 절차 개선, 분배 정의의 확립, 양극화 해소, 생태 환경에 대한 인식 고조, 대외 관계에서의 자주성 확보 등등 모든 분야에서 커다란 변화가 일어나야 한다. 지금 한국의 어느 세력이 이를 혁명적으로 이룰 수 있겠는가? 단기간에는 불가능하다. 장기간에 걸쳐 조금씩 이룰 수밖에 없는 목표들이다. 행여 어느 세력이 있어 이런 것들을 단기간에 이루겠다고 나선다면 아마 커다란 부작용이 생기고 나라는 혼란에 빠질 것이다. 독재의 유혹, 인기 영합주의포퓰리즘, 법치 훼손, 새로운 귀족 계급 탄생, 새로운 계급 투쟁, 구세력의 반격, 경제 혼란, 이에 따른 대중의 이반과 반동 등등. 세계사에서 진짜 혁명이 일어난 뒤 흔히 보게 되는 부작용들이다. 이런 점에서 볼 때 지금 한국에서 단기간의 혁명은 가능하지도 않고 바람직하지도 않다. 목표로 삼아야 할 것은 장기간에 걸친 점진적인 개혁과 그 축적이다. 오랜 세월에 걸쳐 쌓인 변화들이 되돌아보면 혁명적 변화가 되어 있을 그런 것이다. 한국에 혁명이 일어난 적은 한 번도 없었지만 50년 전, 100년 전과 비교하면 한국은 혁명적으로 변해 있다. 그런 변화, 그런 '혁명'을 말한다.

　　한국 민주주의는 많은 우여곡절을 거치면서 꾸준히 성장해 왔다. 세계의 모범이라 해도 과하지 않다. 이를 부인하고 싶은 사람은 제2차 세계대전 이후의 다른 모든 개발도상국과 한국을 비교해 보기 바란다. 하지만 아직도 갈 길은 멀다. 2019년의 조국 사태는 '적폐 청산' 세력이 청산당할 세력과 그 행태가 다르지 않다는 것을 적나라하게 보여 주었다. 노무현 정부를 있게 한 당시의 참신한 386 청년 세력이 이제 586 구세대 기득권이 되어 청산되어야 할 세력이 되어 버렸다. 역사의 아이러니인가? 아니다. 시간의 흐름일 뿐이다. 그리고 그들에게 내재한 문제들일 뿐이다.

　　한국 민주주의 발전은 주로 제도 측면에서 이루어졌다. 아직도 선거법과 권력 구조 개편의 문제가 남아 있지만 여러 안 중에서 그 자체로서는 어느 것이 더 발전한 것이고 덜 발전한 것인지 판가름할 수 없다. 국회의원 비례대표제의 확대가 옳은 것인지 아닌지, 정부 형태로 내각책임제가 나은지 아닌지 등에 대해 어느 것이 원천적으로 옳다는 답을 할 수 없다는 말이다. 다 장단점이 있기 때문이다. 단지 현재와 미래의 한국 정치 발전에 어느 것이 더 유리한지를 가늠해 볼 수 있을 뿐이다. 그런데 그 가늠 자체도 하는 사람에 따라 다를 수밖에 없다. 지금 한국 정치권에서는 이들 문제 때문에 싸움이 한창이다. 어느 정파든 모두 자기 이익에 따라 이런저런 주장을 하면서 그것이 국민 전체의 이익이라고 우긴다. 실제로 국민들은 이 문제에 별 관심이 없는데도 말이다. 어느 정파든 모두 자기 이익에 따른 주장을 할 뿐이다. 그중에서 진정으로 나라 전체의 이익을 생각하는 소수가 있으면 더 좋겠지만, 우리의 정치 수준이 아직은 그 정도는 못 되는 모양이다 사실 정치 수준 문제라기보다는 모든 정치에 보편적인 문제인지도 모른다. 따라서 정파들 사이의 협상과 타협을 통해 결론을 낼 수밖에 없다. 그것이 민주주의 과정이다. 정해진 절차에 따라 평화적으로 협상하여 결론을 도출하고, 그에 따라 실천해 보아야 한다. 그러다 보면 부작용이 나타날 수밖에 없고, 그 부작용 때문에 국민 다수가 실망하면 그때 다시 정해진 절차에 따라 다른 방도를 취하면 된다.

지금 한국 정치는 제도보다 문화가 더 문제다. 정치 사회, 시민 사회 모두, 다른 말로는 정치권, 시민 행동가, 일반 국민 모두 마찬가지다. 자기와 다른 의견을 참지 못하고 다른 이념을 인정하지 못하고 타협하지 못하고 협상에 서툴러 대결로만 치닫는 정치 행태와 정치의식 말이다. 여러 다른 의견을 아울러 그럴듯한 협상안을 도출할 수 있는 통합적 정치 지도력 역시 매우 부족하다. 특히 두 김 씨 퇴장 이후 이런 문제가 두드러진다. 노무현, 이명박, 박근혜, 문재인 모두 이런 점에서는 매우 부족하였고 지금도 부족하다. 한국에서 민주주의적 정치 문화의 발전은 앞으로 상당한 시간이 더 걸릴 것으로 보인다. 정치 문화의 발전은, 촛불 혁명이든 또는 어떤 형태의 정권 교체나 세력 교체이든 이보다 더 중요한 한국 정치 발전의 관건이다. 이는 제도적 변화보다 더 점진적으로 이루어질 수밖에 없는데, 그 시간을 앞당기기 위해 우리 모두 노력할 수밖에 없다. 공부에 왕도는 없다는 말이 예전에 유행하였는데, 마찬가지로 정치 발전에 왕도는 없다.

참고문헌

국문

강우진·강문구, "이명박 정부와 한국 민주주의의 질", 『경제와 사회』 104, 2014.

강원택, 『인터넷과 한국 정치: 정당 정치에 대한 도전』, 파주: 집문당, 2007.

_____, 『한국의 선거 정치: 이념, 지역, 미디어』, 서울: 푸른길, 2003.

김대환, "한국 노동 운동의 길: 점검과 모색", 『계간 사상』, 1990 가을호.

김배원, "이명박 정부에 대한 총론적 검토", 『헌법학 연구』 19:1, 2013.

김석준, 『한국 자본주의 국가 위기론』, 서울: 풀빛, 1991.

김수진, "제2공화국의 정당과 정당 정치", 백영철 편, 『제2공화국과 한국 민주주의』, 서울: 나남, 1996.

김순영, "이명박 정부의 사회복지 정책: 사회복지 정책의 후퇴?", 『현대정치연구』 4:1, 2011.

김영명, 『단일사회 한국: 그 빛과 그림자』, 파주: 이담 북스, 2011.

_____, 『담론에서 실천으로: 한국적 정치학의 모색』, 파주: 한국학술정보, 2010.

_____, 『좌우파가 논쟁하는 대한민국사 62』, 서울: 위즈덤하우스, 2008.

_____, 『한국 정치의 성격』, 서울: 오름, 2016.

_____, "4,19의 성격", 『한국정치외교사논총』 39:1, 2017.

김용직 편, 『사료로 본 한국의 정치와 외교: 1945~1979』, 서울: 성신여대 출판부, 2005.

김용호, "대한민국 정부 수립 과정에서 이승만의 역할에 대한 재평가", 『한국정치연구』 20:2, 2011.

김 원, "1970년대 여공과 민주 노조 운동: 민주 대 어용 균열 구도의 비판적 검토", 『한국정치학회보』 38:5, 2004 겨울호.

김인영, "이명박 정부의 본질에 관한 고찰: 신자유주의 국가인가, 발전국가의 변환인가?", 『비교민주주의연구』 7:2, 2011.

_____, "한국의 발전국가론 재고: 1997년 외환위기 이후 발전국가의 변화와 특징", 『한국동북아논총』 13:17, 2008.

김진하, "한국 지역주의의 변화: 투표 행태와 정당을 중심으로", 『현대정치연구』 3:2, 2010.

문정인·김세중 편, 『1950년대 한국사의 재조명』, 서울: 선인, 2004.

박상훈, "한국의 유권자는 지역주의에 의해 투표하나: 제16대 총선의 사례", 『한국정치학회보』 35:2, 2001 여름호.

박찬표, 『한국의 국가 형성과 민주주의: 미 군정기 자유민주주의의 초기 제도화』, 서울: 고려대학교 출판부, 1997.

박태균, "군사 정부 시기 미국의 개입과 정치 변동", 한국정신문화연구원 편, 『박정희 시대 연구』, 서울: 백산서당, 2002.

백영철, 『제1공화국과 한국 민주주의』, 서울: 나남, 1995.

서희경, "대한민국 건국기 정부 형태와 운영에 관한 연구", 『한국정치학회보』 35:1, 2001 봄호.

신광영, 『한국의 계급과 불평등』, 서울: 을유문화사, 2004.

신복룡, 『한국 분단사 연구』, 서울: 한울 아카데미, 2001.

신 율, "한국 시민운동의 개념적 위상과 문제점", 『한국정치학회보』 35:2, 2001 여름호.

심지연, 『한국 정당 정치사: 위기와 통합의 정치』, 서울: 백산서당, 2004.

엄상윤, "21세기 한국 정치사회의 갈등 구조와 양상: 한국적 '이중 딜레마' 정책 노선 갈등의 양극화·치열화", 『세종 정책 연구』 6:2, 2010.

유영익 편, 『이승만 대통령 재평가』, 서울: 연세대학교 출판부, 2006.

이갑윤, 『한국의 선거와 지역주의』, 서울: 오름, 1998.

이강로, "한국에서 진보적 노동 운동의 성장과 민주주의 공고화의 진행: 199~1999", 『한국정치학회보』 33:3, 1999 가을호.

이기완, "1990년 이후 한국의 정치동학과 한미동맹", 『국제관계연구』 16:1, 2011.

이내영, "한국 사회 이념 갈등의 원인: 국민들의 양극화인가, 정치 엘리트들의 양극화인가?", 『한국정당학회보』 10:2, 2011.

이상우, 『비록 박정희 시대 (1)』, 서울: 중원문화사, 1984.

이연호, "김대중 정부와 비정부 조직 간의 관계에 관한 연구", 『한국정치학회보』 35:4, 2002 겨울호.

이완범, 『38선 획정의 진실』, 서울: 지식산업사, 2001.

이재석·전상숙 편, 『4.19혁명과 민주주의』, 서울: 선인, 2012.

이현출, "한국 국민의 이념 성향: 특성과 변화", 『한국정치학회보』 39:2, 2005 여름호.

임의영, "이명박 정부의 선진화 담론에 대한 비판적 고찰", 『정부학 연구』 20:2, 2014.

임혁백, "유신의 역사적 기원: 박정희의 마키아벨리적인 시간(상)(하)", 『한국정치연구』 13:2-3, 2004.

장성호, "사회·경제적 위기와 한국의 정치 변동", 『정치·정보 연구』 11:2, 2008.

장 훈, "카르텔 정당 체제의 형성과 발전: 민주화 이후 한국의 경우", 『한국과 국제정치』 19:4, 2003 겨울호.

전상숙, "4.19와 장면 정부의 수립: 『사상계』의 당대 정치 담론을 통해 본 고찰", 『한국정치외교사논총』 32:1, 2010.

전재호, "1991년 5월 투쟁과 한국 민주주의: 실패의 구조적 원인과 그 의미", 『한국정치학회보』 38:5, 2004 겨울호.

정근식·이호룡 편, 『4월 혁명과 한국 민주주의』, 서울: 선인, 2010.

정성화 편, 『박정희 시대 연구의 쟁점과 과제』, 서울: 선인, 2005.

정승화, 『12·12 사건 정승화는 말한다』, 서울: 까치, 1987.

정윤재, 『정치 리더십과 한국 민주주의』, 서울: 나남출판, 2003.

조기숙, 『지역주의 선거와 합리적 유권자』, 서울: 나남출판, 2000.

조현연, 『한국 진보 정당 운동사: 진보당에서 민주노동당 분당까지』, 서울: 후마니타스, 2009.

채장수, "한국 사회에서 좌파 개념의 설정", 『한국정치학회보』 37:2, 2003 여름호.

최연식, "권력의 개인화와 유신 헌법: 권력 의지의 초입헌적 제도화", 『한국정치외교사 논총』 33:1, 2011.

최영진, "한국 지역주의 논의의 재검토", 『한국정치학회보』 33:2, 1999 여름호.

_____, "16대 총선과 한국 지역주의 성격", 『한국정치학회보』 35:1, 2001 봄호.

최재성, "이명박(MB) 정부의 사회복지정책 특성과 과제: '친기업 보수 이익'에서 '친서민 중도 실용'?", 『한국 사회복지 조사 연구』 25, 2010.

한국정신문화연구원 편, 『한국현대사의 재인식 5』, 서울: 오름, 1998.

한상익, "박근혜 탄핵 촛불집회의 정치 참여 유형: 혁명인가, 정치적 항의인가?", 『한국 정치연구』 28:2, 2019.

홍석률, 『통일 문제와 정치·사회적 갈등』, 서울: 서울대학교 출판부, 2001.

홍성구, "박근혜 탄핵 촛불집회의 민주적 함의", 『한국언론정보학보』 89, 2018.

황태연, 『지역 패권의 나라: 5대 소외 지역민과 영남 서민의 연대를 위하여』, 서울: 무당 미디어, 1997.

영문

Eckert, Carter J, et el. *Korea: Old and New: A History*. Seoul: Ilchogak, 1990.

Henderson, Gregory. *Korea; The Politics of the Vortex*. Cambridge: Harvard University Press, 1968.

Huntington, Samuel P. *The Third Wave of Democratization*. Norman: University of Oklahoma Press, 1991.

Kim, Quee-Young. *The Fall of Syngman Rhee*. Berkeley: Institute of East Asian Studies, University of California, 1983.

Saward, Michael. *Democracy*. Cambridge: Polity Press, 2003.

간추린
**대한민국
정치사**

1판 1쇄 펴낸날 2020년 8월 10일

지은이 | 김영명
펴낸이 | 김시연

펴낸곳 | (주)일조각
등록 | 1953년 9월 3일 제300-1953-1호(구 : 제1-298호)
주소 | 03176 서울시 종로구 경희궁길 39
전화 | 02-734-3545 / 02-733-8811(편집부)
        02-733-5430 / 02-733-5431(영업부)
팩스 | 02-735-9994(편집부) / 02-738-5857(영업부)
이메일 | ilchokak@hanmail.net
홈페이지 | www.ilchokak.co.kr

ISBN 978-89-337-0776-0   03340

값 16,000원